NEUDERECHOS, NEUROTECNOLOGÍAS E INTELIGENCIA ARTIFICIAL:

PROTECCIÓN DE LA ACTIVIDAD CEREBRAL HUMANA

© Editorial Colex, S.L.
Calle Costa Rica, número 5, 3.º B (local comercial)
A Coruña, C.P. 15004
info@colex.es
www.colex.es

I.S.B.N.: 978-84-1194-390-1
Depósito legal: C 435-2024

NEURODERECHOS, NEUROTECNOLOGÍAS E INTELIGENCIA ARTIFICIAL:
PROTECCIÓN DE LA ACTIVIDAD CEREBRAL HUMANA

Brenda Isabel Murrugarra Retamozo

COLEX 2024

Sumario

1
INTRODUCCIÓN

El fin de la presente obra es, ofrecer un panorama de cómo el uso de las neurotecnologías e inteligencia artificial están influyendo en la actividad cerebral de las personas. Asimismo, por medio de esta, se hace alusión a la necesidad de proteger los derechos de la mente, o también conocidos como neuroderechos; puesto que el empleo de las mencionadas tecnologías estaría causando un impacto negativo en la privacidad de la mente humana. Porque, si bien existen beneficios en tales novas tecnologías, también es necesario atender su contraparte.

De igual forma, es pertinente mencionar que este libro, de manera descriptiva, tiene como misión ilustrar al lector los conceptos relacionados a la neurociencia, neurotecnología, neuroderechos e inteligencia artificial. Lo anterior debido a que, son tópicos que ayudarán a entender la necesidad de que los Estados vayan pensando en la regulación de los neuroderechos como medida garantista de la actividad cerebral y los datos del cerebro humano.

Del mismo modo, es importante destacar que, mediante esta obra, se podrá ver cuáles, hasta el momento, han sido los avances que se han emprendido por parte de algunos Estados a fin de proteger la actividad cerebral y los datos cerebrales de las personas. Para ello, se ha visto pertinente hacer un recuento de algunos proyectos en neurotecnologías puestos en marcha, y las acciones que, a nivel legislativo, han efectuado ciertos países para regular los neuroderechos. Igualmente, que, en el caso de la inteligencia artificial, ello respecto a las medidas que aún se siguen desarrollando para regularla.

Finalmente, es necesario agregar que, en el libro no solo hace referencia al rol que están teniendo las neurotecnologías en las personas respecto a cómo estas pueden sentir, pensar y actuar; sino que también, se brinda un contexto de cómo el libre albedrío de aquellas personas puede verse influenciado por los sistemas de inteligencia artificial, los cuales, a través de sus algoritmos, son capaces de intervenir en las decisiones humanas, y, por tanto, manipular la actividad cerebral.

2

LA NEUROCIENCIA, LA CIENCIA COGNITIVA Y LA PRIVACIDAD DE LA MENTE

Durante los años cincuenta, con el surgimiento de las ciencias cognitivas exploratorias de la mente, nació la correlación entre las computadoras y el cerebro de las personas. Años más tarde, con la inclusión de la neurociencia en el campo de las ciencias cognitivas, se concibió al cerebro de las personas como un esquema computacional intrincado, cuya explicación de sus procedimientos intelectuales dio paso a una correlación de tres factores; a) mente, b) sistemas de cómputo y c) cerebro de las personas Por lo que, para los expertos en ordenadores, el entender la mente humana desde una perspectiva computacional se transformó en un patrón normal (THAGARD, 2013, como se citó en PARRA y ÁLVAREZ, 2021)

Es precisamente por ese vínculo interesante entre la neurociencia y la concepción del cerebro humano, desde la perspectiva de un computador que, es trascendental comprender la influencia que ha acarreado la neurociencia en el mundo científico, particularmente a partir de lo que es el cerebro humano y sus funciones. Ello va a permitir, de igual forma, descifrar cómo es que las neurotecnologías han llegado hoy en día a ser un tema crucial cuando se habla de lo que abarca la mente y la necesidad de su privacidad.

Es así que, a fin de entender esa correlación que existe entre la neurociencia y la concepción del cerebro humano como un computador, es preciso definir a la neurociencia como aquella disciplina científica que contiene a su vez un conglomerado de espacialidades científicas, las cuales están enfocadas en el estudio del sistema nervioso, particularmente en la función cerebral. Siendo además que, su impacto por abarcar la función cerebral ha trascendido al mundo del derecho, el pensamiento filosófico y hasta al campo de la ética. Asimismo, dentro de las disciplinas que alberga propiamente la neurociencia, se encuentran, por ejemplo, la neurobiología o la neurociencia computacional (Araya y Espinoza, 2020, como se citó en Reguera y Cayón de las Cuevas, 2021).

Así pues, puede entonces mencionarse que el desarrollo de la neurociencia, como un conjunto de muchas disciplinas científicas, encargadas de estudiar variados aspectos del cerebro humano, comenzó a concebir al cerebro humano a partir de su correlación con las computadoras. Teniéndose por supuesto en claro que, dicha analogía se debió a la complejidad del propio cerebro humano, compuesto obviamente por una serie de circuitos cuya semejanza era la de una computadora.

Ahora, si bien se ha referido a la neurociencia para hacer referencia al origen del símil que se hace del cerebro humano con las computadoras, la doctrina científica hace alusión a otra área, denominada la ciencia cognitiva, la que va a ayudar a entender de mejor forma cómo se vinculan los procesos mentales con las tecnologías que están siendo utilizadas para descifrar la mente o manipularla.

En esa línea, NARVÁEZ (2014), daba a conocer que la neurociencia ha mostrado a los cerebros de forma común, dando origen a la forma de ser de las personas y a las actividades desarrolladas con completa normalidad. Empero, desde la ciencia cognitiva, como disciplina de los procesos cognitivos, se ha señalado algo trascendente, esto es que: la ciencia cognitiva va más allá, a razón de que tiene que ver con la realización de una serie de labores que se dan en la mente para procesar información. Asimismo, a través de la ciencia cognitiva, mediante el principio de realización múltiple, se ha descrito que lo esencial en el funcionamiento de la mente vendrían a ser: a) los predicados cognitivos y b) la operación de la cognición. Por lo cual, es la cognición, y cómo se procesa la información en la mente, lo realmente importante para entender la manera en que las tecnologías, como la inteligencia artificial, son trascendentes para la mente humana; siendo que los procesos de la inteligencia cerebral se llevan a cabo con una red neuronal o a través de otros circuitos.

En ese sentido, ya no solo es necesario que se aluda a la neurociencia para entender cómo las tecnologías pueden influir en la mente humana, sino que es esencial también que se hable de la ciencia cognitiva, la cual ayuda a comprender el funcionamiento de la mente mediante los procesos mentales humanos, es decir; cómo se forman los pensamientos.

Ahondando más en la ciencia cognitiva, MEDINA (2008) la definía como el conjunto de varias disciplinas encargadas de estudiar la mente. Entre esas disciplinas se encuentran la computación científica, la inteligencia artificial, el estudio de las lenguas, la neurociencia, y más. Siendo que dichas disciplinas son cohesionadas por medio del principio fundamental, que es el que concibe a la mente como una máquina que procesa información; pudiendo la mente obtener, preservar, recobrar, alterar y enviar información. Dicha información procesada puede examinarse como estándares cognitivos, capaces de manipularse. Adicionalmente, tal información procesada constituiría niveles representacionales y semánticos desarrollados en la circunscripción cerebral.

Entonces hasta aquí, se ha visto que, la ciencia cognitiva, sin descuidar a la neurociencia que se encuentra dentro de esta, es la que en la actualidad brinda las luces de cómo el cerebro humano, por sus labores de captar información hasta procesarla, permite comparar al cerebro de las personas con las máquinas. No ha de olvidarse pues que, se ha hecho alusión a que el procesamiento de la información de la mente se lleva a cabo mediante redes neuronales[1], denominación de redes que se utilizan en los métodos de la inteligencia artificial en el procesamiento de datos.

Habiéndose referido los procesos mentales desarrollados en el cerebro humano, es crucial que ahora se atienda el tema de la privacidad de la mente, el

1 Constituye un método de la inteligencia artificial, que se encarga de enseñar a los ordenadores a cómo procesar los datos, y su forma de hacerlo se basa en la actividad cerebral.

cual es sumamente importante, más en la actualidad con el desarrollo de diversas tecnologías como las neurotecnologías y la inteligencia artificial. Ello más precisamente debido a que, hoy en día existen proyectos, como los de Facebook, que tienen como objeto adquirir electrodos que, aunque nos son invasivos, tienen la función de plasmar de forma escrita los pensamientos de las personas. Ello resulta preocupante, puesto que implica que las compañías tendrán acceso a la información alojada en la mente humana, siendo este un tema aún más preocupante que el acceso a los datos personales, a razón de que lo que está en la mente humana define a las personas. Incluso, aquello podría representar un problema mayor, pues existe la opción latente de que se descubra lo que las personas poseen en su subconsciente, o hallarse hasta información que los humanos no saben que alberga en su cerebro (YUSTE, 2019).

Puede argumentarse que, si bien es cierto los avances tecnológicos para comprender la mente humana poseen sus beneficios, como los médicos, parece también que existiría una obsesión por manipular los pensamientos de las personas. Cabe preguntarse: ¿Por qué están importante que compañías tecnológicas que nada tienen que ver, hasta ahora, con el campo de la salud quieran acceder al cerebro humano? ¿Es que acaso pretenden manipular nuestras decisiones y hacernos elegir sus productos, o hacer que pensemos lo que ellos quieran? Esto ya no se trata de información menor a las que las compañías tecnológicas acceden haciéndonos aceptar sus famosos términos y condiciones; lo que está en peligro es la integridad mental y la capacidad de decidir libremente. Pareciera que no les es suficiente con habernos llenado con algoritmos repletos de sesgos.

Seguidamente, ha de tenerse en cuenta que, no puede reducirse al cerebro humano a un mero recipiente de datos, a razón de que en el cerebro es donde yace la mente, donde se encuentran los procesos mentales, toda la actividad cognitiva. Por ello, el desarrollo de las neurotecnologías, por ejemplo, con su capacidad de descifrar los procesos mentales, puede descubrir y cambiar la información de la mente, la base de la identidad de las personas. Por tanto, la decodificación y la modificación de la labor neural con procedimientos neurotecnológicos mediante la inteligencia artificial causarían inimaginables efectos en la identidad personal. Así, con la meta de prevenir tales peligros, sería bueno que se cuente con un esquema de gobernanza anticipatoria. Existe pues, un deber moral para abordar dichas tecnologías a través del establecimiento de parámetros éticos y sociales. Empero, es esencial que tal prevención se dé por medio de una buena gobernanza de las tecnologías, que abarque una coordinación acertada que cuente con el debido sustento, para lo cual se tiene que recurrir a fuentes confiables (LENCA, 2021).

Entonces, los desarrolladores de estas innovaciones tecnológicas, por muchas ventajas que aleguen que puedan tener sus productos tecnológicos, no pueden pretender sin más que no se les ponga un límite basado en regulaciones, entandares y directrices. Ante la información que se pueda recabar del cerebro humano, se está en ligas mayores. La información mental, y en general, las ideas que poseen en su mente las personas, es aquello que los diferencia unos de otros; es lo que les da libertad de diferir, y más. Es por ello que, la privacidad mental debe y tiene que ser protegida, derecho a la privacidad cuyo concepto ha ido evolucionando en la era digital, y que, por tanto, debe protegerse en un mundo de neurotecnologías e inteligencia artificial.

3

DESARROLLO DE LAS NEUROTECNOLOGÍAS

La gran escalada que están teniendo, tanto la neurotecnología como la inteligencia artificial, ha ocasionado que cada vez existan más dispositivos que están siendo ensamblados en el cerebro humano, haciendo que a través de ellos se pueda ejercer un control en la función cerebral. Por lo cual, la comercialización de tales dispositivos es una realidad que ya nadie puede negar, y cuya utilización se ha dado en la forma de suplementos móviles para el ocio o manejo de otros artefactos; llegando ello a ser parte del famoso Internet de los Cuerpos (Internet of Bodies, IoB, en inglés[2]). Esto es significativo y hasta preocupante, debido a que los datos del cerebro, o también llamados neurodatos, serían capaces de reconocer a las personas, descifrar qué es lo que están sintiendo estas, y exponer distintas clases de datos o información que alberga el cerebro (Agencia Española de Protección de Datos, 2022).

2 Concebido como el empleo de dispositivos enlazados a Internet encargados de controlar, por ejemplo, los signos vitales y demás datos biométricos, lo que también abarca la actividad física, la calidad de sueño de las personas, entre otros.

Puede comprenderse así que, al cerebro humano se le están conectando instrumentos tecnológicos que son capaces de saber qué hay en la mente de las personas, cuáles son sus signos vitales, cuáles serán las próximas acciones que realizará un individuo, y más. Todo ello, de cierta forma, permitido por las mismas personas que, por el solo hecho de ver la novedad de lo que ofrecen las herramientas tecnológicas, como los denominados teléfonos celulares de última generación, rápidamente adquieren tales dispositivos. De lo cual, por cierto, se estarían aprovechando las empresas tecnológicas. Pero, de lo que se va a discutir en primer lugar en este apartado es más sobre cómo las neurotecnologías han sido empleadas en el campo de la salud clínica, y los proyectos y avances que se han conseguido hasta el momento.

Y como breve paréntesis, para entender cómo es que dispositivos tecnológicos están siendo enlazados o vinculados al cerebro humano, lo trascendente va a ser entender qué es la neurotecnología; la cual justamente tiene que ver con la conexión entre cómo la información cerebral está siendo obtenida y usada por las distintas herramientas tecnológicas.

Descrito lo anterior, puede decirse que la neurotecnología implica el empleo de una serie de instrumentos, o también llamados métodos, que tienen como meta operar, guardar, calcular y recabar información almacenada en el cerebro humano. Y, en la mayoría de casos, y por cómo fue concebido el desarrollo neurotecnológico, con esos datos que se hubiesen recabados del cerebro humano, lo que se busca es hallar soluciones clínicas; o tal vez como está ocurriendo, lo que se desea es únicamente averiguar qué es lo que se aloja en la mente humana. Respecto a las soluciones clínicas por las cuales se está empleando las neurotecnologías, se han estado usando los algoritmos de la tan famosa inteligencia artificial, los cuales, al ser usados en la neurociencia clínica, están sirviendo para precisar la existencia de enfermedades del campo de la neuropsiquiatría. Por ejemplo, en los últimos años, se han desarrollado modelos de aprendizaje máquina, a los cuales, mediante entrenamiento, se les ha conferido la capacidad de descubrir biomarcadores precoces de la afección del Alzheimer. Además, modelos han estado usándose en varios padecimientos psíquicos por medio de imágenes de resonancia magnética funcional (Ding *et al.* 2018, como se citó en Ausín *et al.* 2020).

Lo señalado ha impactado grandemente en el campo de la medicina, y no cabe duda que estaría trayendo beneficios para el tratamiento de enfermedades severas. No obstante, y como no se dejará de hacer crítica, sobre todo como se verá posteriormente, es importante adelantar la preocupación que suscita la premisa de que «también se están usando dispositivos neurotecnológicos para averiguar qué es lo que se aloja en la mente humana». Ello es desconcertante, si se tiene en cuenta que muchas organizaciones tecnológicas, a lo largo de estos años, han ido buscando acceder a los datos de los ciudadanos de forma indiscriminada, lo cual obviamente han hecho, y por lo cual hay casos que han llegado a los tribunales; abogándose por el respeto, por ejemplo, del derecho a la protección de datos personales o el derecho a la privacidad. Nada asegura que, con el afán de obtener información cerebral, no se vulneren los derechos que también tienen las personas sobre su actividad cerebral.

Pero en líneas generales, nuevamente, lo que al inicio de este apartado se ha tratado de reflejar es qué son las neurotecnologías, las cuales mediante conjunción de varias otras nuevas tecnologías (como la inteligencia artificial), han ido progresando hasta cumplir un rol fundamental en el área de la salud y las habilidades físicas de los seres humanos; lo cual ha dado respuesta a determinadas exigencias esenciales de las personas (Bastidas, 2021). Porque, el uso de dispositivos tecnológicos siempre va a tener un lado bueno y otro malo, y justamente para conocer el lado no tan bonito de la historia, es preciso que se resalte cómo es que en particular las neurotecnologías fueron concebidas como herramientas de apoyo a la salud.

Siguiendo lo mencionado en el párrafo precedente, en el mundo han existido algunos grandes proyectos de investigación que se han encargado de estudiar el tema de las neurotecnologías para el beneficio de la salud, los cuales son, según Barrera y Calderón (2015), los siguientes:

a) Proyecto 1: La década del cerebro. Esta idea nació en Estados Unidos, específicamente en la Biblioteca del Congreso y el Instituto Nacional de Salud de dicho país. La meta fue incentivar la investigación científica respecto al encéfalo y resaltar la relevancia de su estudio en aras del bien de los seres humanos.
b) Proyecto 2: Cerebro Humano. Esta investigación se originó en Europa. Su propósito fue que, dentro de un lapso de diez años, se pudiese usar una gran proporción de la simulación cerebral a través del empleo de una serie de modelos informáticos asentados en un conjunto de supercomputadores.
c) Proyecto 3: Brain Research through Advancing Innovative Neurotechnologies (BRAIN). Esta idea nació en los Estados Unidos. Su meta fue elaborar tecnologías con las que se pudiese ver nítidamente el cerebro humano, y así poder investigarlo a profundidad.

dad mental, estaría el derecho a la privacidad de la actividad cerebral, el derecho a expresarse y pensar con libertad. Además de ello, ante la manipulación e injerencias en la actividad cerebral, estaría la necesidad de proteger los derechos a preservar la integridad somática y psíquica; y frente a cualquier perjuicio cerebral, las personas deben tener el derecho a acceder a los remedios legales necesarios de forma equitativa, lo cual se relaciona al hecho de obtener tutela judicial ante los daños que hubiese sufrido la actividad cerebral (COMITÉ JURÍDICO INTERAMERICANO, 2021).

Lo indicado no hace más que demostrar que, existen una serie de derechos que, ante los avances de la ciencia y la tecnología, merecen de ser preservados. Ello implica que, desde la ética y lo jurídico, se emprendan iniciativas que establezcan límites y parámetros sobre cómo el uso de las neurotecnologías debe de darse sin menoscabar tanto la dignidad como la integridad personal, sea física o mental. No puede dejarse que el cuerpo y ser de las personas sean laboratorios. Por ello, es que no solo es importante desarrollar una legislación en materia de neurotecnologías, sino que también es imperioso acoger medidas de prevención, y en caso se atente contra el soma y la psique humana, las medidas de resarcimiento y sanción tendrán que entrar en acción para otorgar tutela jurídica.

De otra cuenta, más precisamente desde la ética, el desarrollo de la neurotecnología ha concitado ciertos cuestionamientos, como el que se ha dado a partir de la neuroética, ello al informarse sobre ciertos peligros detrás del empleo de las neurotecnologías. Un caso que demuestra ello es el de las interfaces cerebro-máquina, las cuales, al usarse para crear excitaciones en el cerebro humano, tienden a variar rasgos ligados al modo de ser de las personas. Igualmente, el aplicarse las neurotecnologías en determinadas partes cerebrales, podría cambiar el humor de las personas, su libido, actitudes y hasta sus valores y el sentido de identidad personal. Por tales motivos, es que se hace imprescindible que se apliquen criterios éticos vinculados a la accesibilidad y utilización de las neurotecnologías, considerando los impactos que ello podría acarrear en la salud e independencia de los seres humanos (Monasterio *et al.* 2019).

Entonces, puede aquí también encontrarse que, entre el discernir qué es lo bueno y lo malo cuando se están empleando ciertos métodos o procedimientos para el funcionamiento cerebral, está la clave. Es decir que, los legisladores, en conjunto con el personal clínico y los desarrolladores tecnológicos, deben tener un pensamiento en común respecto al uso que debe de dárseles a las neurotecnologías. En otras palabras, no basta una regulación, sino que además debe existir un código de ética que les precise a los profesionales relacionados a estas tecnologías qué deben hacer y que no con ellas.

Y es por ello que, en los últimos tiempos, en el área de los derechos humanos, como informaba Orias (2022), se ha venido pensando en relación a la adopción de garantías eficientes que protejan los derechos humanos respecto a la utilización de las neurotecnologías. Por ello, ya a nivel internacional, se ha barajado la idea de tener un marco regulatorio común respecto a las tecnologías, especialmente para salvaguardar la actividad cerebral de las personas. Lo previamente debido a que, el uso de tecnologías puede tener un impacto significativo en la libertad, la conciencia y la integridad psicosomática de los seres humanos; algo casi nuevo en el derecho. Por lo que frente a las innovaciones que se den en tales neurotecnologías, sería necesario que los operadores jurídicos sigan caminando hacia la regulación de las tecnologías que impacten al cerebro y a su actividad, como bien ya comenzaron preocupándose los científicos.

De esta forma, lo que se puede expresar es que actualmente ya hay casi un pensamiento general de regular las neurotecnologías por los efectos que están provocando en los derechos de las personas. Porque, la conciencia, el pensamiento, y en general toda la actividad cognitiva de los seres humanos, están en gran peligro. Nadie tiene el derecho de interferir en la actividad cerebral de las personas sin su consentimiento y sin el debido entendimiento de lo que ello puede implicar.

No obstante, de lo referido, existe una disyuntiva respecto a cuáles serían los procedimientos jurídicos a fin de concretar dicha regulación, considerando además las futuras consecuencias de ello. Así, se tiene como opción que la regulación del empleo de las neurotecnologías se haga mediante las leyes blandas o soft law (derecho no vinculante); permitiéndose así que, frente a los constantes avances en tecnología, se tengan regulaciones flexibles. Aunque también se ha hablado de la opción de regular las neurotecnologías usando la ley dura o hard law (derecho vinculante), como bien lo ha hecho Chile (Cornejo, 2023).

Si bien esto último puede traer un debate interesante en los Estados que aún no cuentan con regulaciones en neurotecnologías, aquí se es de la idea de que debe existir una regulación que proteja cabalmente al cerebro y su actividad, y obviamente que se salvaguarde a la privacidad con la que este debe contar. El que se adopten solamente «ciertas recomendaciones» en materia de neurotecnologías podría dar espacio a que no exista un total respeto de los derechos vinculados a la actividad cerebral; ya que lo que se requiere es que tanto los desarrolladores de neurotecnologías como aquellos que las usan, sepan que tienen obligaciones que cumplir, y en caso de su desobediencia, las sanciones respectivas aparecerán.

Es importante también que, frente al hecho de que se pueda acceder al cerebro de las personas, a través de diversos instrumentos tecnológicos novedosos, la sociedad se cuestione lo siguiente: ¿Hasta qué punto se puede interferir en la actividad cerebral sin vulnerar los derechos humanos?, ¿Es posible que un magistrado atienda una solicitud de la fiscalía a fin de que se investigue el cerebro de un ciudadano? ¿Es válido que el poder judicial ordene a un ciudadano a ser parte de un procedimiento de fMRI[4], no vulnerando sus facultades constitucionales de libertad de pensamiento, principio de *indubio pro reo* y el derecho a no auto inculparse? O si se sabe que un ciudadano es proclive a ser violento, ¿Se le debería detener pese a que no ha delinquido? (CÁRDENAS, 2016).

Estas últimas interrogantes son clave para reflexionar en relación a los motivos por los cuales debe de

4 La resonancia magnética funcional (fRM) se encarga de medir los cambios que se experimentan en la circulación sanguínea respecto a la actividad cerebral. Además, es usada a fin de analizar las áreas cerebrales que maniobran labores cruciales, examinar las consecuencias del derrame cerebral y demás padecimientos.

regularse las neurotecnologías y las razones por las que la ética es trascendental en dicha regulación. No puede permitirse que, deliberadamente la actividad del cerebro sea manipulada, ni que con falta de información se lleven a cabo procedimientos que afecten la integridad psíquica y somática de las personas.

4

ORIGEN DE LOS NEURODERECHOS

El uso de las neurotecnologías, y también la inteligencia artificial, ha dado cabida a que desde hace algunos años se comience a trazar el camino de la regulación de los neuroderechos. Debido a que, si el cerebro y su actividad van a estar sujetos a análisis, injerencias y demás, se hace imprescindible cautelar su integridad.

Así pues, cuando se hace alusión a los neuroderechos, se está hablando nada más y nada menos que de aquellos derechos humanos destinados a salvaguardar la privacidad de la mente humana y su integridad (lo que abraca el aspecto consciente e inconsciente de la mente). Esa protección en específico es indispensable, ello debido a la utilización inadecuada que se le estaría dando a las neurotecnologías. Haciendo mención que, el reconocimiento de los neuroderechos, da además origen a una especie novedosa de datos personales, los cuales son: los neurodatos (Díaz, 2021).

En ese sentido, puede verse que ya se ha fijado, al menos desde la doctrina, una categoría de derechos destinados a proteger la mente humana. En especial, la información que el cerebro contiene y produce, dándose paso a la vez a categorizar la información cerebral como neurodatos. Información cerebral que, como se verá más adelante, está siendo clasificada como datos personales; puesto que los procesos cognitivos de los seres humanos son los que también los define y los hace identificables.

Seguidamente, puede igualmente aseverarse que la mención al reconocimiento de los neuroderechos, tiene que ver con regular jurídicamente, a nivel mundial, una serie de derechos que, debido al carácter de progresividad con el que cuenta el sistema de derechos humanos, se hacen necesarios de reconocer. Aquello no es más que la continuación de la protección que merece cada una de las esferas de la vida de la persona humana. Siendo que tal reconocimiento debe hacerse a nivel constitucional y legislativo, por razón de los continuos avances de las neurotecnologías. Entonces, se tiene que tales derechos serían (GONZÁLEZ, 2021):

a) Derecho sobre la libertad de pensamiento (cognitiva).
b) Derecho sobre la privacidad de la mente.
c) Derecho sobre la integridad de la mente.
d) Derecho sobre la continuidad psicológica.
e) Derecho sobre la igualdad de acceso a la mejora de la mente.
f) Derecho a la protección frente al sesgo de los algoritmos.

Los neuroderechos arriba mencionados, son solo algunos de los cuantos que ya han venido señalándose para su reconocimiento. Pero, que como se verá en los párrafos siguientes, tienen espectros de protección similares, como el del respeto a la privacidad mental, y el de protección ante los algoritmos que causen sesgos. Y lo más interesante es que, se aboga por el reconocimiento del derecho a acceder a las mejoras mentales; lo que deja un margen para debatir si es que esas mejoras que se quieren introducir en la mente son realmente necesarias, o si simplemente se pretende aspirar a ser un superdotado. Empero, para ello será imperioso que se fijen parámetros legales y éticos respecto a dicha cuestión.

Abordando más en detenimiento el campo clínico, en el que se comenzó con el debate de regular las neurotecnologías y ahora neuroderechos, es fundamental dar crédito a los estudios de la neurociencia, por motivo de que han sido los que han aportado a que actualmente, en el derecho, se esté teorizando profundamente la regulación de los neuroderechos. Lo descrito cuando, por ejemplo, se desea precisar las consecuencias jurídicas que tendría el uso de las neuroimágenes en la vida de las personas. Tal es el caso de la Resonancia Magnética Funcional (RMNf), que permite conseguir imágenes del cerebro de una persona, pudiéndose ver si el paciente padece o no de alguna enfermedad psíquica que limitase su estado de lucidez para desenvolverse en sociedad. Y con lo previo, podría empezar a decidir si al sujeto le correspondería o no algún tipo de responsabilidad (civil, penal o administrativa). Es en ello que radica la importancia de saber, científicamente, qué hay en la mente humana, y, por tanto, regular a los neuroderechos (ÁLVAREZ *et al.* 2022).

Como bien se sabe, el derecho sirve para regular las conductas humanas desplegadas en la sociedad, y como hoy en día, las conductas humanas se vinculan con el uso de las tecnologías, es innegable el efecto que cada una de ellas causa sobre la otra. Por ello, es que el derecho tiene que entrar a regular el posible uso de las resonancias magnéticas en el cerebro, en caso que estas pretendan utilizarse para ver cómo la psique humana impacta en las potenciales conductas de los individuos, y para determinar, por ejemplo, la responsabilidad legal de alguien por alguna acción.

Así bien, no pude tampoco obviarse las consecuencias que podría tener el uso de las neurotecnologías antes descritas en el cerebro humano. Por ello, DE Asís (2022), considerando varios escenarios y planteamientos, hizo alusión a los cinco potenciales riesgos que se presentaban sobre el empleo de las neurotecnologías en la actividad cerebral:

- Riesgos sobre la modificación en la identidad: producido por los impactos de la ligación del cerebro con interfaces inteligentes. La solución sería reconocer el derecho a la identidad, que permite monitorear la integridad somática y psíquica.
- Riesgo sobre las decisiones: producido por las conexiones cerebro-máquina. La solución sería reconocer el derecho a la libertad de pensamiento y libre albedrío, para que las personas sean libres de conducirse como mejor lo consideren.
- Riesgos de que se extraigan, conozcan y difundían los pensamientos de las personas mediante las neurotecnologías. La solución sería reconocer el derecho a la privacidad mental.
- Riesgo sobre el no reparto equitativo de las optimizaciones de la capacidad sensorial y mental. La solución sería reconocer el derecho al acceso equitativo de la optimización mental por medio de las neurotecnologías.

- Riesgo sobre que las neurotecnologías ocasionen preconceptos y estereotipos. La solución sería reconocer el derecho a la protección frente a los sesgos algorítmicos.

Tales peligros que cambien la identidad de las personas, que afecten su capacidad de decidir o que vulneren la privacidad de la información mental con el uso de las neurotecnologías, deben de presentarse como el argumento principal para desterrar cualquier idea que sustente que no es necesaria la regulación de las neurotecnologías y el reconocimiento de los neuroderechos a través del derecho vinculante (hard law). Tiene que admitirse que no hay espacio para que una falta de regulación genere la oportunidad de sacar provecho de la información mental o los procesos cognitivos humanos, y más ahora con el desarrollo de productos tecnológicos que, según como se anuncian, pretenden dar la ilusión de una realidad virtual por medio del acceso al cerebro humano.

Es preciso además señalar que, cada día es más constante que en la doctrina se investigue y postule nuevas teorías respecto al desarrollo de los neuroderechos. Y es que, el impacto creciente de la tecnología en la actividad cerebral, está a la vuelta de la esquina. Por ejemplo, CÁRDENA (2017), refería incluso la distinción que existía entre la idea de los neuroderechos con el tema de la neurociencia del derecho. Pues bien, el concepto de los neuroderechos, los cuales se han está escribiendo aquí, tienen que ver con la regulación jurídica y las complicaciones legales vinculadas a la labor neurocientífica, y también respecto a la manipulación cerebral. En cambio, el tema de la neurociencia del derecho tiene que ver más precisamente con la influencia del estudio neurocientífico vinculado al entendimiento y adecuada practica o ejercicio del derecho.

Que si bien ambos términos neuroderechos y neurociencia del derecho, son distintos, tienen algo en común, que es cómo la actividad de la neurociencia impacta o influye en los derechos y cómo tales derechos son puestos en acción. Dejando ello ver el gran campo de influencia que tiene el mundo jurídico en la neurociencia, que justamente ha provocado que en la actualidad se hable de la aplicación de las neurotecnologías (herramientas tecnológicas empleadas por la neurociencia) en la actividad cerebral.

4.1. Tipos de neuroderechos

A inicios de este apartado se había brindado una lista somera de neuroderechos, que, desde un sector de la doctrina, estaban empezando a mencionarse para su reconocimiento. Por ello, lo que aquí se va a hacer es describir más detalladamente, los tipos de neuroderechos que hasta ahora han tenido más fuerza en postularse para ser reconocidos.

En esa línea, CÁCERES y LÓPEZ (2022) comentaban que, la teorización de los neuroderechos se ha presentado con un asunto de alta relevancia, y ello por el desarrollo incesante de modernas tecnologías que podrían, si es que ya no lo están haciendo, influir sobre la actividad cerebral de las personas e incluso orientar sus decisiones. Por lo cual, ante tal vertiginoso destino, en la doctrina, se ha venido sustentando la necesidad de incorporar una serie de neuroderechos específicos. En particular, y con gran energía, era en la Universidad de Columbia, en Nueva York, que un grupo de expertos postularon la necesidad de que debían de considerarse cinco neuroderechos para regular, los cuales tenían que ser consagrados en los distintos documentos internacionales.

Siendo ello así, en la tabla a continuación, se enlistan cada uno de tales neuroderechos con su respectiva descripción.

Tabla 2
Tipos de neuroderechos a ser reconocidos

Neuroderechos	Definición
Derecho a conservar la identidad personal	La identidad personal y la esencia del yo pueden sufrir modificaciones con el empleo de las neurotecnologías. Un ejemplo de ello es el caso de los pacientes que con electrodos anclados en sus cerebros que obtuvieron estímulos; lo cual alteró su reconocimiento del yo. Haciendo lo anterior que, cuando se realicen procedimientos quirúrgicos en el cerebro de las personas, se les debe de precisar a los pacientes, en el consentimiento informado, las potenciales modificaciones que padecerá su sentido del yo.
Derecho a no interferir en la libre toma de decisiones	Las personas tienen que estar seguras de que la actividad neuronal de sus cerebros no será modificada con el uso de neurotecnologías. Asimismo, se les debe garantizar que sus decisiones no se verán manipuladas por haberse producido alguna modificación en su actividad neuronal, la cual ha estado sujeta al uso de estas tecnologías.
Derecho a que los datos neuronales cuenten con el componente de privacidad	Las personas deben tener la garantía de que únicamente podrán compartir sus datos neuronales si han otorgado su consentimiento expreso para ello. Con esto se busca evitar la potencial comercialización, por las compañías tecnológicas, que desean lucrar con tal información.

Derecho a que la optimización de la aptitud cerebral se realice de forma equitativa	Existen personas, que, a pesar de su óptimo estado de salud, desean mejorar sus aptitudes cognitivas, a lo que se le llama cognitive enhancement o neuroenhancement. Por lo cual, si ello se va a permitir, debe de diseñarse estrategias para que tal práctica se efectúe con criterios de equidad; considerando que muchas personas no tienen los mismos recursos económicos para solventar dicha práctica.
Derecho a que las personas puedan estar protegidas ante los sesgos algorítmicos	La inteligencia artificial subsimbólica, vinculada a los sistemas de recomendaciones con las que se lleva a cabo procesos altamente eficaces para las personas, puede actuar de manera errónea. Por ello, es esencial que se diseñen estrategias para combatir los sesgos algorítmicos y no manipular las decisiones humanas.

Nota. Esta tabla ha sido adaptada de «El neuroderecho como un nuevo ámbito de protección de los derechos humanos», por CÁCERES, E. y LÓPEZ, C., *Cuestiones Constitucionales, Revista Mexicana de Derecho Constitucional*, 2022, pp. 65-92.

Vista la lista de los cinco neuroderechos a regular, poseen la meta en común de proteger la integridad mental, como ya se había hecho alusión. Aunque algo novedoso a destacar es lo concerniente al derecho a la optimización de las habilidades cerebrales, las cuales no únicamente se limitan a llevarse a cabo si es que las personas poseen alguna deficiencia mental, sino que también tienen el objetivo de que, cualquiera que desee mejorar sus capacidades cerebrales, lo haga. Pero, no debe olvidarse que dicho mejoramiento debe darse de forma equitativa, pensando en los individuos que tienen recursos económicos escasos; por lo que aquí quedará ver cómo es que tal acceso equitativo será garantizado, quién lo solventará y con qué fondos.

Ya para concluir este apartado, ha podido notarse que el acceso a los pensamientos de las personas constituye una cuestión muy crítica que afectaría su privacidad mental, que de por sí deberían de gozar plenamente los seres humanos. Es por ello que, se postula que la libertad de pensar tiene que encontrarse en una posición similar que el derecho a la salud, y únicamente ubicado por debajo del derecho a la vida. No obstante, y haciendo una reflexión sobre los países como los de Latinoamérica, por ejemplo, esto aún pareciera no replicarse del todo; lo cual tal vez se debe a que el tema del incesante despliegue de las neurociencias y de los neuroderechos están recién tomados en cuenta, aunque no con la seriedad que cuestiones como estas ameritan. La razón de lo anterior puede deberse a que no existe concretamente un presupuesto gubernamental destinado al real fomento de la ciencia y tecnología (Llamas y Marinaro, 2021).

Justamente, es tal vez esa carencia de inversión en tecnologías e investigación lo que, en un futuro, pasará una factura muy gruesa a estos Estados; porque los países latinoamericanos, a diferencia de los de la región de Europa, aún tienen que establecer incluso legislaciones pertinentes en materia de datos personales, inteligencia artificial y más. Estos atrasos se ven ahora también respecto a la regulación de las neurotecnologías y lo neuroderechos, haciendo la salvedad de Chile que ya ha dado pasos grandes en ello. Por ello, lo que queda no es más que se siga apostando por la promoción de regulación de los neuroderechos y las neurotecnologías; comenzando con proponer proyectos de ley para el debate y con políticas públicas que con acciones estratégicas hagan que estas tecnologías sean de acceso a las personas, pero eso sí, con un enfoque de cautela de la integridad mental y corporal del ser humano, y por supuesto, salvaguardando sus demás derechos y libertades.

4.2. Complejidades sobre el desarrollo de los neuroderechos

Como ya bien se refería, todo lo que impacta en la vida de las personas le atañe al derecho, y es por ello que en la actualidad lo que está bajo la atenta mirada de los legisladores es la regulación de los neuroderechos (que a nivel legislativo aún está tratando de categorizarse); faltando pues definir cuál es la real composición de estos derechos. Dejándose constancia que, los neuroderechos, aunque aún en desarrollo progresivo, igualmente se sujetan a los principios del mundo jurídico; esperando celosamente su consagración y jerarquía en el sistema legal, siendo que la corte precisará, cuando resuelva un caso, cuál es la legislación a aplicar (DEL CASTILLO, 2022).

Propuesta de regulación que, con algunos proyectos legislativos, ya ha iniciado, y hasta ha habido uno que otro pronunciamiento en las cortes (como se verá más adelante). Con todo ello, precisamente puede aseverarse que, una de las complejidades que se presentarían, y que ya está ocurriendo, es en relación a cómo resolverían las instancias judiciales los casos que se presenten ante sus judicaturas; ya que si bien las máximas esferas del poder judicial de cada país pueden crear derecho mediante sus fallos jurisprudenciales, lo óptimo sería que se contase con un sustento taxativo de qué son los neuroderechos, los límites al uso de las neurotecnologías y tópicos relacionados.

Seguidamente, también puede alegarse que en el tema de regular los neuroderechos pueden presentarse otras ciertas complejidades, más que nada asociadas con el hecho de que no siempre los resultados deseados de cómo deberían ser reguladas determinadas materias ocurren como se tenía planeado. De igual modo, puede pensarse que únicamente proteger legalmente un aspecto del cuerpo humano se alejaría de la neurociencia, puesto que, según ciertos expertos, la mente no se encontraría en el cerebro, siendo que lo que sucede en la mente se relaciona más con lo que pasa en las demás partes corporales (un tópico más científico). Igualmente, se ha expresado que la regulación de los neuroderechos puede no ser relevante en otros sistemas jurídicos; llegando a causar incoherencias normativas con las demás normas que poseen tales sistemas jurídicos. Es así, que, por ejemplo, el regular los derechos de la mente en las constituciones o normas fundamentales de cada Estado, sería muy controversial, ocasionando ello el hecho de que se ha dicho que dicha regulación podría causar un exceso de derechos, los cuales se podrían contraponer a los derechos ya consagrados (Zaror *et al.* 2021).

Lo que aquí cabe decir es que, si bien la incorporación de los neuroderechos en los instrumentos internacionales y las legislaciones específicas de cada uno de los países está en proceso, o si bien existe un tratamiento implícito de ello, hay casos en los que claramente una regulación precisa y definida de los neuroderechos, debe de ser considerada. De no ser así, seguirán presentándose situaciones controversiales donde se ponga en riesgo la tutela judicial que requieren los neurodatos de las personas, que por supuesto, hasta lo visto, serían también datos personales.

Por ejemplo, en Chile, pese a ser un país catalogado como el pionero en el fomento de la regulación de los neuroderechos, en algunas cortes de justicia aún se ven ciertas lagunas jurídicas en relación a la protección de los neuroderechos; particularmente en el aspecto de considerar a los neurodatos como datos sensibles o no. Que obviamente ante la complejidad de información que se guarda en el cerebro, aquí se es de la posición de que, en efecto, estos estarían en la esfera de los catalogados datos sensibles.

Lo anterior expresado tiene sustento en un caso judicial que llegó a la Corte de Apelaciones de Santiago de Chile, que, en primera instancia, desestimó la interposición de un recurso impugnativo señalando que, un usuario había consentido que se acceda a sus datos contenidos en su electroencefalograma solo por el hecho de haber abonado el pago de la licencia de uso y dar conformidad con los términos de referencia, no constituyendo ello una acción ilegal por parte del proveedor. No obstante, se requirió a la compañía a borrar los datos cerebrales que se habían recopilado del usuario, así como que la empresa modificase sus políticas de protección de datos personales y cerebrales en el país chileno. Sin embargo, la Tercera Sala de la Corte Suprema por unanimidad, en segunda instancia, refirió que el actuar de la compañía iba en contra de las garantías constitucionales sobre la protección de la integridad psicosomática y del derecho a la privacidad, esto a razón de que la compañía Emotiv había vendido el producto insight no contando con las respectivas autorizaciones, y sin tener la evaluación de la autoridad de salud. Por lo que, se requirió a la autoridad de salud examinar el bien para que la administración de datos que efectúe la empresa esté acorde con la legislación vigente. Ello también hizo concluir que, el hecho de que no se haya regulado específicamente a los neurodatos con la calidad de datos personales sensibles hace que aquellos puedan manipularse sin haberse delimitado adecuadamente las metas científicas para su tratamiento, lo cual no pude ocurrir, por motivo de que es información ultra sensible de una persona, y, por tanto, no se puede dejar abierta la posibilidad de una autorización tácita respecto a su administración (ÁMBITO JURÍDICO, 2023).

Por ejemplo, esta decisión de la justicia chilena contiene un sustento eficaz de las razones para la regulación de los neuroderechos. Recuérdese así que, en las legislaciones de datos personales se señala qué información tiene carácter de sensible y qué limites existen sobre su tratamiento (como lo es la información respecto a la salud, historial clínico). Por lo cual, a nivel legislativo y hasta constitucional, ciertos países han reconocido la protección de datos personales como un derecho; lo cual debería de por sí con los neuroderechos, es más, no son siquiera datos personales cualquiera, es información de la actividad cerebral, y datos que si son manipulados deliberadamente alterarían la consciencia, el yo de las personas; por ello, requieren de un tratamiento normativo especial.

Ha de igual forma indicarse que, los neurocientíficos, a nivel internacional, se han agrupado para elaborar un código deontológico, ello con el objetivo de que sea aplicado por los expertos en neurotecnologías y que a la vez esto conlleve a reconocer universalmente a los neuroderechos. Y para ello, sería prioritario que se establezca un marco legal internacional de los neuroderechos, fijándose principios esenciales para la defensa de la dignidad humana y los derechos humanos en general; y regulando además los aspectos vinculados a la salud, cuidando también las restricciones a temas sobre la optimización de las habilidades humanas o los proyectos que se quieran llevar a cabo con objetivos transhumanistas, e incluso aquellos casos que amenacen la privacidad y el libre albedrio. Viéndose así que, la finalidad de la regulación de esta categoría novedosa de derechos es que se salvaguarden facultades y libertades esenciales provenientes de la dignidad de las personas, que de no regularse podría ponerse en peligro a la humanidad ante los planes transhumanistas (PASTORINO, 2022).

5

REGULACIÓN DE LOS NEURODERECHOS ANTE EL AVANCE DE LAS NEUROTECNOLOGÍAS

Si bien ya desde el inicio el lector ha podido saber escuetamente de la necesidad de regular las neurotecnologías y los neuroderechos, lo que se va mostrar en este apartado es ejemplos concretos de como los organismos internacionales, llamados a proteger los derechos fundamentales de las personas, han venido estableciendo recomendaciones del porqué regular tanto las neurotecnologías y los neuroderechos. Asimismo, se va a hablar más claro sobre la relación existente entre los neuroderechos y el derecho a la protección de datos personales; y qué países y cómo han ido avanzando en regular los neuroderechos.

En esa línea, en referencia a las neurotecnologías y a la importancia de su regulación, es relevante comenzar destacando que, a medida que ha pasado el tiempo, el desarrollo de estas tecnologías ha crecido de manera inimaginable, teniendo todo tipo de efectos en la vida de las personas. Siendo que lo que más preocupa es, obviamente, las consecuencias negativas que puede acarrear su proliferación en la vida de los ciudadanos. Es más, cuando se dialoga sobre el uso constante de las neurotecnologías, lo primero que se trae a colación, desde el mundo jurídico, son sus implicancias en la privacidad de las personas.

Y es que es totalmente verdad que sin siquiera las personas imaginarlo, las neurotecnologías han ido invadiendo sus vidas, solo que parece que el ciudadano común no se ha dado cuenta, porque claramente se le ha puesto más atención a los beneficios y ventajas que estas han traído. Hasta podría decirse que han sido un mero distractor para tener acceso a los datos de las personas en forma de prueba, y por ello, año tras año su desarrollo se ha ido perfeccionando y las compañías tecnológicas aprovechando.

Dando más contexto a este apartado, puede citarse que uno de los principales desarrollos de este tipo de tecnologías (neurotecnologías) estuvo con el diseño del GPS[5], el que se creó a fin de geolocalizar a las personas. Luego se comenzaron a elaborar los BioHackers, que fungen como chips identificadores con la capacidad de remitir entre distintos dispositivos la información de los usuarios. Tales chips pueden colocarse en la muñeca de los usuarios, y con un único movimiento, son capaces de facilitar el acceso a un ordenador computadora portátil. Hasta aquí este tipo de tecnología no parecería peligrosa, si no es porque ya han existido ideas de que chips con tales sistemas puedan implantarse en los trabajadores, tal vez para monitorear sus actividades, lo

5 El sistema de posicionamiento global, se constituye como un sistema de navegación global que funciona mediante un satélite, brindando la información necesaria sobre la localización, rapidez y la sincronía horaria.

cual innegablemente vulneraría el derecho a la privacidad. Aunado a ello, también está el uso cotidiano que está teniendo la inteligencia artificial, a través de sus algoritmos, que podría hacer que incluso los gobiernos dictatoriales accedan a los datos de las personas, obviamente con el fin de administrarlos a su antojo, y decidir prácticamente cómo deberían actuar y/o pensar los ciudadanos (ROCHA, 2022).

Imagínese, por ejemplo, que la inserción de los chips en las personas, mediante los cuales se accede a los datos personales, sean manipulados, es decir; que la finalidad principal no solo sea recabar información, si no que, con el acceso al cerebro mediante esos dispositivos, los gobiernos puedan decidir cómo pensarán y actuarán los ciudadanos. Sin duda, ello constituiría una arbitrariedad, no solo frente al derecho a la privacidad, sino también al libre albedrío en la toma de decisiones de las personas.

Siguiendo con las con potenciales ventajas y desventajas que pudiese traer la neurotecnología (sobre todo porqué en el caso de las desventajas merecerían estar reguladas), se encuentra el caso de aminorar el riesgo de que ocurran accidentes relacionados al tema del nivel de atención, ello mediante un control de los índices de concentración, así como el del cansancio, que en gran proporción perjudica a los conductores de vehículos. También está el caso de desarrollar un brazalete que registre ondas electromagnéticas que, desde el cerebro, dirijan diversas partes del cuerpo para que la realidad virtual sea más intuitiva y cohesionada. Otro de los beneficios impresionantes podría ser el descubrimiento de afecciones neurodegenerativa. Pero, yendo ya a las desventajas, por medio del empleo de las neurotecnologías pueden surgir casos de explotación por parte de compañías, las cuales solo buscarían que sus trabajadores obedezcan a una obsesiva productividad, ya que, a través de un control constante dado con esas tecnologías, se podría registrar qué hace o no el trabajador (SUZUKI, 2023).

No puede, entonces, argumentarse o ver el fenómeno solo desde un punto de vista (el de las ventajas), sino que también tiene que comentarse sobre los posibles abusos que se cometerían usando las neurotecnologías; lo cual constituye la bandera principal de su prioritaria regulación. Teniéndose ello en cuenta, ahora podrá verse cómo los organismos internacionales están actuando para la regulación de las neurotecnologías y neuroderechos.

En ese sentido, no hay duda que, ante el uso deliberado de las neurotecnologías, y como se ha visto, varios derechos estarían siendo vulnerados. En particular, y en opinión del Comité Asesor del Consejo de Derechos Humanos (2023), las neurotecnologías deberían de ser reguladas porque estas están afectando ciertos derechos, los cuales serían los siguientes:

- El derecho a la libertad de pensamiento (consagrado en el artículo 18.° de la DUDH, sería el primero que se menoscabe. Lo interesante, además, es que, respecto a este derecho, lo que el documento internacional salvaguarda es lo que tiene que ver con las expresiones extrínsecas del pensamiento, por lo que, además, sería necesario que se diga que tal derecho también protege el componente intrínseco de los pensamientos, que, con el empleo de las neurotecnologías de control y manejo del sistema nervioso, puede ser afectado.

- Asimismo, y como no cabe duda a partir de lo tratado hasta el momento, también existiría una vulneración del derecho a tener una vida privada (artículo 12.° de la DUDH), el cual sería gravemente impactado por la sustracción, utilización y transferencia de los neurodatos que se efectúa hacia terceros. No debe olvidarse que los datos neuronales contienen información relativa a lo que le gusta, siente, piensa y es una persona.
- Otro derecho vulnerando sería el de la integridad personal y psíquica (consagrado en el artículo 5.° de la Convención Americana sobre Derechos Humanos (CADH)). Nótese pues que, la manipulación descuidada de las neurotecnología en el cerebro sería capaz de perjudicar, de forma irreparable, la actividad del sistema nervioso de las personas.

Luego de haberse conocido la opinión de aquel organismo internacional, pueden obtenerse dos ideas centrales. La primera es; como por medio de los derechos, que ya existen en el cuerpo de la DUDH o de la CADH, se está sustentando la regulación de las neurotecnologías, debido a que obviamente, su uso inadecuado atentaría contra derechos fundamentales. La segunda idea es que; tal opinión, si se la analiza detalladamente, destaca lo importante que es establecer una categoría de derechos que justamente se vean constreñidos por el uso de las neurotecnologías (los derechos de la mente o neuroderechos); para así definir qué contenido exacto corresponde a tales derechos, y hasta qué extensión se produce su vejación con esas tecnologías.

A continuación, vale también destacar que ha habido sin dudas buenos avances sobre la regulación de los neuroderechos frente a las neurotecnologías, tal es el caso de la propuesta del Morningside Group, encabezado por el investigador Rafael Yuste y Sara Goering, quienes de la mano de otros 27 expertos en ciencia e ingeniería, han postulado que las interfaces cerebro-computador y la inteligencia artificial, en su desarrollo y uso, tienen que acatar y seguir cuatro parámetros: a) salvaguardar la privacidad e independencia personal, b) garantizar la identidad y agencia (es decir; la aptitud de las personas para determinar su actuar), c) reglamentar la intensificación artificial de las aptitudes cerebrales, y d) supervisar los potenciales sesgos algorítmicos. Los criterios esbozados buscan que las neurotecnologías y la inteligencia artificial se empleen responsablemente, como bien en el pasado se ha reglamentado el uso de la ingeniería genética, por ejemplo (Roberts, 2019).

Básicamente, esta sugerencia de los especialistas lo que propone, desde una óptica científica, es cómo el empleo de tecnologías como la inteligencia artificial y las neurotecnologías tienen que cumplir ciertos estándares, lo que notoriamente ha fungido como fundamento de la proposición de regular los cinco tipos de neuroderechos vistos en las líneas precedentes. Adicionalmente, debe afirmarse que, para contar con una regulación de neuroderechos se requiere de una participación multidisciplinaria, de científicos en neurociencia y otros a quienes posean ámbito de acción en las ciencias que estudian el cerebro y su actividad, y no únicamente en el procedimiento de reglamentación existan abogados o expertos jurídicos.

Por añadidura, en relación al reconocimiento de los neuroderechos, y como ya se había visto, dentro del catálogo de derechos humanos, existen más organismos internacionales que han hecho suya la tarea de elaborar, y aún se encuentran elaborando, una serie de informes y recomendaciones para el reconocimiento pleno de los neuroderechos; y obviamente, estableciendo parámetros que deberían de seguir los Estados al momento de consagrar estos derechos en sus ordenamientos jurídicos.

De lo expresado, Osorio (2023) brindó un panorama explicando que la Organización de Estados Americanos (OEA), en el marco de su 99.° periodo ordinario de sesiones, en agosto del 2022, aprobó la Declaración del Comité Jurídico Interamericano sobre Neurociencia, neurotecnologías y derechos humanos: nuevos desafíos jurídicos para las américas. En el referido documento se detallaron los derechos vinculados a la utilización de la neurociencia y neurotecnologías. Además, hubo una exhortación para que los países miembros desarrollen políticas públicas destinadas al crecimiento tecnológico y científico que favorezca a la ciudadanía y a la forma en la que esta vive, considerando las medidas necesarias de protección hacia el derecho al libre desarrollo de la personalidad y los derechos individuales ante los posibles riesgos tecnológicos. A parte de eso, en el contexto del 101.° periodo ordinario de sesiones, comprendido en agosto de 2022, la OEA aprobó la Declaración de principios interamericanos en materia de neurociencias, neurotecnologías y derechos humanos, los cuales fueron los siguientes.

- La actividad neuronal debe de contar con identidad, independencia y privacidad.
- La elaboración de las neurotecnologías debe considerar la protección de los derechos humanos.

- Los datos personales sensibles también comprenden a los datos neuronales.
- El consentimiento respecto a los datos neuronales debe ser dado de forma expresa e informada.
- Las personas deben de acceder a las neurotecnologías de forma igualitaria y equitativa, sin ningún tipo de discriminación.
- La optimización de las aptitudes cognitivas debe tener una aplicación terapéutica.
- Se debe garantizar la integridad neurocognitiva.
- Transparencia y Gestión de las neurotecnologías.
- Control e inspección respecto a las neurotecnologías.
- Las personas deben de acceder a una tutela efectiva y remedios vinculados con la elaboración y utilización de las neurotecnologías.

De otro lado, el mismo autor detalló que la Organización de las Naciones Unidas para la Educación, la Ciencia y la Cultura (UNESCO), específicamente el Comité Internacional de Bioética, hizo mención a la trascendencia que tenía que los países pudiesen otorgar a la ciudadanía las garantías adecuadas sobre la salvaguarda de los neuroderechos.

Por lo reseñado, es factible aseverar que este conjunto de documentos con carácter de declaraciones, servirán de guía básica para que los Estados miembros de la OEA adecuen sus legislaciones con las nuevas tendencias en derechos humanos. Es más, haciendo un análisis, también resulta una necesidad que se creen políticas públicas y se designen entes y autoridades que vigilen y controlen el cumplimiento de las disposiciones en materia de neuroderechos. Por ejemplo, muchos países tienen una autoridad responsable de protección de datos personales, sobre los neuroderechos, quedaría ver si estas competencias por velar por los neuroderechos también les serán asignadas a la referida autoridad, al haberse asimilado que la información cerebral estaría en el ámbito de los datos personales de carácter sensible, o si por tratarse de datos de especial cuidado (actividad cerebral), existirá otra autoridad o entidad encargada de su protección.

5.1. Protección de datos personales y neuroderechos

Si bien ya se ha ido adelantando, y hasta teorizado que, los datos neuronales y la información que se encuentra en el cerebro son datos personales, en esta sección va a puntualizarse ello de forma más concreta y con el sustento debido.

Así bien, debe de precisarse que la discusión sobre la regulación de los neuroderechos y la necesidad imperiosa de que ello se concrete, viene aparejada de la necesidad de que se reconozcan a los datos cerebrales como lo que son, es decir, datos personales. Y si es así, ¿Por qué los datos cerebrales serían datos personales? La respuesta a tal pregunta sería que: los datos del cerebro facilitan la identificación de las personas, o al menos hacer que las personas sean identificables, tal y como puede identificarse a alguien por sus datos biométricos, los cuales también son datos personales reconocidos. Es más, con mayor acuse, puede reconocerse que los datos cerebrales están dentro de la categoría de datos personales sensibles, esto por pertenecer al ámbito más privado de las personas. Así, toda la información que se consiga mediante las actividades neuronales, como se hace por medio de las neurotecnologías avanzadas, constituyen datos personales sensibles; porque contienen información de la psiquis de las personas (a nivel consciente e inconsciente) (Díaz, 2022).

Es así que, aquí ya se puede referir de forma expresa, y habiendo visto las recomendaciones del Comité Asesor del Consejo de Derechos Humanos, que los datos cerebrales, que incluye a toda la información cerebral, como las neuronas, etc. (neurodatos), son en efecto datos personales. Recuérdese pues que, toda información que permita identificar a una persona entra en la categoría de datos personales, y esta es una premisa base, y de lógica, para aquella aseveración.

Ahora bien, entendidos los datos cerebrales como datos personales; se ha reiterado en varias ocasiones que lo que estaría en juego ante el uso de las neurotecnologías, sería el derecho a la privacidad de aquella información que es generada por la actividad del cerebro. Y, por ejemplo, Chile, que como se ha mencionado, y ampliará, ha propuesto que tales neurodatos sean sujetos de protección, debido a que constituyen información provechosa. Puede añadirse que, si dichos datos no son objeto de una correcta garantía, el derecho a la privacidad y el de autodeterminación informativa serían vaciados de su contenido. Lo que se piensa en Chile es que, esta idea del reconocimiento expreso de los neurodatos como datos personales, lo que hará es acrecentar la protección de la información que yace en el cerebro; sin dejar medias tintas y espacios para la manipulación negligente de dicha información, lo cual es pieza clave para el respeto de la dignidad humana (López y Madrid, 2022).

En ese marco, si es que efectivamente se categoriza a los datos cerebrales como datos personales, debe de empezarse a señalar que, al igual que como cualquier otro dato personal, su titular tiene el derecho de desplegar todas las facultades para su protección, las cuales han sido precisadas en las regulaciones de datos personales. Claramente, atendiendo que al ser datos no solo de carácter sensible, sino también información capaz de ser accesible mediante neurotecnologías o inteligencia artificial, en su regulación se debe agregar otros criterios; que incluyen los ya postulados cuando se ha hecho referencia al reconocimiento de los cinco tipos de neuroderechos.

Por ello, queda muy claro que al ser los datos neuronales datos personales, resulta imperioso que su obtención, uso y tratamiento se efectúe con el previo consentimiento de su titular; debido a que se trata de información de la actividad cerebral humana. Por tanto, la regulación aplicable a dichos datos neuronales es la referida a las normas de datos personales con las que cuenta cada Estado; por lo que, se reitera la urgencia de que en caso las legislaciones de datos personales no estén actualizadas con una inclusión explicita de los datos neuronales (datos del cerebro) como datos personales, se comience a reformar ello. Debe recordarse que, el derecho debe ir acorde con los avances tecnológicos, al regular este cada uno de los aspectos de la vida de los seres humanos. Igualmente, tiene que asegurarse que las personas tengan la libertad de decidir no compartir sus neurodatos, si es que así lo desean; ello por ser información fundamental de la personalidad de los seres humanos (Grupo Multimedia Legal, s.f).

En ese sentido, luego de haber concluido qué son los datos cerebrales y las razones por las que ellos son datos personales de carácter sensible, seguidamente será primordial elucubrar los motivos por los cuales merecen de una regulación taxativa en los sistemas jurídicos. Y más que nada, ello pasa por prestarle la correcta atención a los peligros o riesgos que puede conllevar su falta de regulación frente al avance raudo de las tecnologías.

Porque, por ejemplo, como se ha estado viendo, ya no es únicamente brindar protección jurídica a los datos personales, como bien se ha regulado, por ejemplo, en el Reglamento General de Protección de Datos de la Unión Europea (RGPD), puesto que se trata ahora de lo más íntimo que poseen las personas, su mente; lo que abarca la protección de sus potestades e información cerebral, su memoria e ideas, en otras palabras, su personalidad. Y ante el potencial desciframiento que puede ocurrir de la actividad cerebral, lo que se debe hacer es impedir la irresponsable manipulación de ese tipo de información (TELLO, 2023).

Por tanto, no ha de dejarse al margen las posibles interrogantes que podrían surgir del porqué regular a los neuroderechos en el marco de la normativa de datos personales, pero siempre considerando, como se ha dicho, que, al ser datos personales sensibles de carácter especial, por la información que guardan, la medida adecuada sería que se contase con una legislación especial para ello, y considerando el desarrollo vertiginoso de las neurotecnologías.

Pues bien, lo esencial del motivo por el cual los neuroderechos merecen de una regulación taxativa en los sistemas jurídicos, pasa también por el hecho de que al ser el cerebro humano prácticamente un campo casi desconocido para los propios científicos, en cuanto a su exploración, la manipulación de la información albergada ahí podría ir en contra de la esfera más íntima y personal de las personas. Es por ello que, debe cautelarse que los datos neuronales tienen que ser salvaguardados manteniéndose su privacidad, sin que cualquier tercero puede manipularlos no contando con la debida autorización del titular de la información. Siendo eso así, se recalca que lo que se requiere es un marco legislativo sumamente garantista en ese aspecto. Tiene también que considerarse que, tal regulación debe darse ante los potenciales peligros y nuevas modalidades de robo de datos personales, como, por ejemplo, el brainjacking, por medio del cual se roba la información de personas que estén conectadas a determinados implantes, existiendo la probabilidad de que se trafique con los datos conseguidos de sus cerebros. Lo alegado sería el primordial fundamento para que, en materia de datos personales, se abarque tópicos como la regulación de los neuro datos (Corral, 2023).

Otro punto a favor de la regulación de los neuroderechos, viene dado por el hecho de tomar conciencia de que, existen proyectos relacionados a la optimización cerebral, a la cual no todos podrían acceder en condiciones equitativas, por lo que una normativa en neuroderechos tendría que abarcar, igualmente, el acceso justo a las neurotecnología, evitando crear un mercado donde solo unos pocos se beneficien.

O como ya se dijo, no necesariamente tienen que modificarse las normas de datos personales, sino, tener una norma especial sobre neuroderechos, lo que, por supuesto no implica que los datos cerebrales o neurodatos no sean datos personales, puesto que sí lo son. Simplemente, sería elaborar una norma que, además que reconozca que estos tienen la categoría de datos personales, siente criterios específicos sobre la recolección, uso y tratamiento de aquellos datos cerebrales.

5.2. Estados que han avanzado en la regulación de los neuroderechos

En esta sección lo que se hará es describir qué países, hasta el momento, se han preocupado por la regulación de los neuroderechos, o al menos de iniciar acciones encaminadas a ello. Debe asimismo advertirse que, por aún estar este tema muy prematuro, no es que en los Estados se encuentre vasta información de una regulación precisa en el asunto, sino solo meros atisbos de regulación.

Puede de esa forma empezar señalándose que, si bien el país de Chile ha tomado la posta sobre la regulación de los neuroderechos, preocupándose y alzando la voz sobre su indispensable acogimiento en el sistema jurídico, existen también otros Estados que han comenzado a ver, con sumo cuidado, las lagunas jurídicas que se dan en el marco de las neurotecnologías frente a los derechos de la mente.

Una breve muestra de lo referido es que Estados como el español, argentino, estadounidense, y el francés, han empezado a barajar sobre una potencial regulación de los neuroderechos. Inclusive, y como ya se ha ido explicando, organismos internacionales como las Naciones Unidas y la Organización de Estados Americanos están comenzando a sentar criterios y recomendaciones al respecto. Empero, aún queda mucho por hacer para que se tenga una regulación de las neurotecnologías que brinde protección a los neuroderechos de las personas. No puede así, permitirse que se siga atrasando la garantía que se le debe dar a la actividad cerebral que proporciona la identidad personal de los humanos. Siendo esencial que, al momento de desarrollar la legislación de los neuroderechos, se le preste mucha deferencia al tema vinculado al consentimiento o autorización de las personas para que sus datos cerebrales sean administrados, para que tengan una clara noción de cómo están siendo manipulados y usados sus datos, cuidando además que, la información que se les dé sobre el particular (uso y tratamiento), sea lo más precisa y sencilla de entender (GUZMÁN, 2022).

Lo manifestado sobre el consentimiento para el tratamiento de la información cerebral, se cree, debe considerar lo siguiente: cuál es el fin o fines por los que se va a recopilar y tratar la información cerebral, que el consentimiento sea otorgado sin ninguna coerción o vicio (libre), y para ello emplear un lenguaje simple y preciso. Debe, además, dejarse en claro que el consentimiento puede revocarse en cualquier momento por su titular. En adición a ello, tiene que precisarse que, quien sea el responsable del tratamiento de los datos cerebrales, está en la obligación de probar cómo se le ha concedido el consentimiento. Todo ello como se regula, por ejemplo, el tratamiento de los demás datos personales.

Por otro lado, y como se ha podido ver, los neuroderechos tienen la meta de brindar protección no solo al cerebro, sino sobre todo a su actividad. Por lo que, debe hacerse énfasis en que la regulación en materia de protección de datos personales no tiene que ser esquiva a los neuroderechos. No olvidando, de nuevo, garantizar la privacidad de la mente, al ser información de personas en un nivel muy íntimo, es decir; lo que define a cada ser humano (Protección de datos, 2023). Entonces, resulta imperioso que, de manera explícita, en los sistemas jurídicos, pueda incluirse una regulación de los derechos de la mente. No hay así espacio para suposiciones o pretextos de regulaciones tácitas en neuroderechos.

5.2.1. Unión Europea

A nivel europeo, uno de los países que ha comenzado el debate sobre regular los neuroderechos ha sido España. Ya en el año 2021, este país empezó con el diseño de su Carta de Derechos Digitales, regulación de los derechos digitales en el marco de las neurotecnologías. Del mencionado documento, lo que se destaca es que en su artículo 26.1.° c), se alude a la necesidad de que la información cerebral sea atendida bajo los parámetros de la confidencialidad y seguridad. Aunque la Carta de Derechos Digitales no sea un instrumento legal vinculante (hard law), tiene un componente de recomendación para el reconocimiento de los derechos digitales frente a las neurotecnologías (Payán, 2023).

Es primer paso dado en Europa, y como es una región consolidada con muchas normas comunitarias, hace suponer que pronto, al igual como pasó con el RGPD, podría tenerse una reglamentación unificada en relación a los neuroderechos; ya que además en esta región también se ha trabajado arduamente para contar con una regulación sólida de inteligencia artificial.

Prosiguiendo con el tema, y en palabras de la ministra de Ciencia e Innovación de España, se anunció que cuando a mitad del año 2023, el país quedase a cargo de la Presidencia rotatoria de la Unión Europea, tendría como misión promover el pleno reconocimiento de los neuroderechos (EUROPAPRESS, 2023). Es pues así que, a nivel europeo, el impulso de consagrar los neuroderechos ante el avance de las neurotecnologías, se abre camino; siendo que ya se tendrían a una región europea no solo pionera y vanguardista en materia de datos personales o inteligencia artificial, sino que además en neuroderechos; ya quedará ver cómo se ajusta el RGPD con la potencial norma de neuroderechos.

Cabe añadirse también que, otro de los avances sobre la regulación de los neuroderechos, en la Unión Europea, ha venido de la mano de la precisión de lo que se entiende por las neurotecnologías, y cómo estas deben de ser empleadas de una forma en que los derechos de las personas no se vean afectados. Demostración de lo anterior se da por el hecho de que en octubre del año 2023, veintiséis ministros de telecomunicación de la región, sostuvieron un encuentro casual en España, con la meta de suscribir la Declaración de león sobre la neurotecnología europea: un enfoque centrado en la persona y basado en los derechos humanos; entendiendo a estas tecnologías como herramientas y procedimientos que permiten el accesos, manipulación, estudio, análisis, manejo y/o simulación de la configuración y operación de los sistemas neuronales, tanto de las personas como de los animales. Así también, lo interesante de este documento, lo constituye la serie de criterios que se deberían de considerar cuando se haga uso de las neurotecnologías, con un enfoque en los derechos humanos (PÉREZ, 2023).

Habiendo indicado ello, en la siguiente figura se resaltan los criterios propuestos en la citada declaración relacionada al uso de las neurotecnologías, considerando de forma pertinente un enfoque basado en derechos humanos.

Figura 1

Criterios en el uso de las neurotecnologías

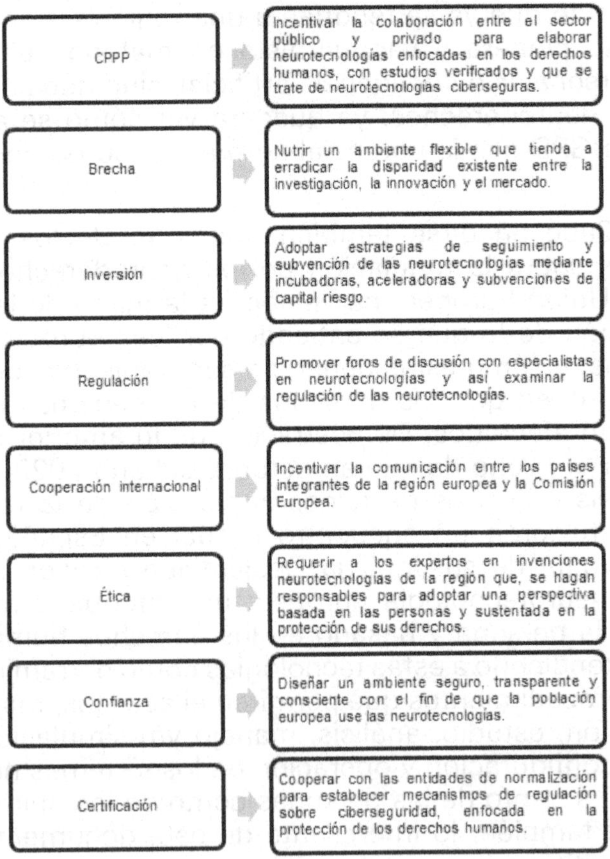

Nota. Esta figura ha sido adaptada de «Una más que probable regulación legal de las neurotecnologías», por Francisco, P., *Demócrata*, 2023, [Sitio web].

5.2.2. Chile

Respecto a Chile, este es sin dudas el país que más ha avanzado en la regulación de los neurodederechos. Véase que así, por ejemplo, se tuvo que, en noviembre del año 2020, el Congreso Nacional aprobó un proyecto de ley para regular los neuroderechos. Además, a la par, estuvo la aprobación de un proyecto (Boletín No. 13827-19) que pretendía reformar la constitución del país (norma ya publicada - Ley N.° 21.383). Asimismo, ha de considerarse que mediante la publicación de la Ley N.° 21.383 (Proyecto de Ley - Boletín No. 13827-19), lo que se hizo en específico fue reformar el artículo 19.° de la norma suprema, ello a fin de darle una categoría constitucional a los neuroderechos. Tal modificación implicó otorgarle protección a la integridad psicosomática de las personas, precisándose que es imperioso que se establezcan legalmente los requisitos y limitaciones respecto a la actividad del cerebro; debido a que lo que se pretende es que, dándole un reconocimiento constitucional a los neuroderechos, se pueda legislar los derechos de la mente mediante normas especiales. Puede decirse entonces hasta este punto que, este proyecto de ley ha sido el primero en su especie, colocándole énfasis a la salvaguardia que deben tener los derechos al libre albedrío, la privacidad de la mente, a la integridad mental y el mejoramiento de la mente (VÁSQUEZ, 2021).

La propuesta chilena de reconocer los derechos de la mente a nivel constitucional es acertada, puesto que hace posible que los neuroderechos cuenten con las debidas garantías. Puede además solucionar controversias jurídicas ante un posible caso de ponderación de derechos, siendo que si los neuroderechos se reconocen como derechos en la constitución, ellos primarán.

Luego de haberse introducido en Chile la modificación a su constitución, en materia de neuroderechos, lo que ha quedado pendiente, hasta el momento en el que se escribe esta obra, es el proyecto de ley de regulación de neurotecnologías, que tiene como meta dar protección a los derechos fundamentales de las personas respecto al uso incorrecto de las neurotecnologías directas, dentro de las que se encuentra la interface máquina-cerebro. Así como de las neurotecnologías de carácter indirecto, como el famoso Metaverso desarrollado por la compañía Facebook mediante el uso de la inteligencia artificial, cuyo riesgo probable sería el perjuicio a la neuro plasticidad. Lo preocupante de ese proyecto de Facebook es que, serían las infancias las más amenazadas, a razón de que; a) sus sistemas nerviosos pueden sufrir alteraciones del yo, b) se puede dañar su libertad para discernir, pensar y actuar, y c) se puede vulnerar la privacidad de la mente. Aunado a ello, en relación a este último proyecto de ley chileno que se ha aludido, puede rescatarse su ya tan conocida idea de fijar el reconocimiento de los neurodatos, a fin de que se garantice la información resultante de la actividad cerebral (CORNEJO, 2023).

Más precisamente debe de hablarse del proyecto legislativo del Boletín No 13.828-19. Pero la elaboración de este bosquejo legislativo ha sido cuestionada; a razón de que los especialistas han expresado que no es factible legislar situaciones que no se tiene noción si sucederán o no, además que se ha dejado entrever que la futura norme limitaría el progreso alcanzado con proyectos que involucran a las neurociencias. A pesar de las críticas, quienes abogan para que la norma sea aprobada totalmente han apuntado hacia la necesidad de regular las neurociencias para proteger los derechos fundamentales. Su regulación, de igual forma, ayudará a que la ciudadanía tome conocimiento de las consecuencias, peligros y ventajas de la neurociencia y las neurotecnologías. Todo ello puede a la vez ayudar a incentivar la transparencia en el uso de las neurotecnologías, sobre todo en el sector privado, porque esas tecnologías tendrán que registrarse en el Instituto de Salud Pública, solo así la población podrá usarlas (Azuaje, 2022).

Con lo expuesto, se rescata que el país chileno ya tenga varias iniciativas concretas, tanto de regular las neurotecnologías como los neuroderechos, y referirse a la información de la actividad cerebral como neurodatos. Y aunque el debate no está siendo pacífico, es sólido que, en la exposición de motivos o fundamentos para su regulación, se sugieran los potenciales riesgos que existen para poblaciones vulnerables ante las tecnologías (como las infancias). También parece relevante, y no extremista, colocarse en situaciones hipotéticas de riesgo; ya que al día de hoy no pueden los expertos jurídicos o en tecnologías excusarse en que el robo de información o manipulación de datos no pueda existir con tecnologías, casos hay miles. Por ello, regular temas que atañen de igual forma a la salud de las personas (integridad psicosomática) por el uso de neurotecnologías, es esencial.

5.2.3. Argentina

En Argentina desde la doctrina, se ha venido barajando la opción de otorgar un reconocimiento constitucional a los neuroderechos, con lo que se permitiría otorgarles la protección necesaria que reciben los demás derechos humanos. Tal reconocimiento ayudaría a, por ejemplo, aplicar un control de constitucionalidad y la inmediata aplicación de dichos derechos sobre los restantes derechos; puesto que son los derechos reconocidos constitucionalmente los que tienen una mayor influencia sobre los subsistemas legales encuadrados en un Estado constitucional. Igualmente, dentro del objetivo que tiene el reconocimiento de los neuroderechos como derechos humanos en la constitución, se resalta su vertiente garantista, que pretende sistematizarlos para así resolver cualquier disyuntiva cuando se los invoque en un caso concreto. Téngase el caso del amparo que se le quiere dar a los datos neuronales, a través del derecho penal cuando ocurre su manipulación o tráfico; admitiéndose así dar una garantía excepcional a los neuroderechos, porque el aceptar a los neuroderechos dentro de la categoría de derechos humanos en la constitución implica la responsabilidad del Estado de acoger determinadas obligaciones y así asegurar su correcta protección. Otro ejemplo de garantía excepcional de los neuroderechos, como derechos humanos, se encuentra en el compromiso de requerir que el consentimiento sea libre, previo e informado para que se empleen instrumentos neurotecnológicos con las personas (Mascitti, 2022).

Es justamente lo remarcado en el párrafo precedente lo que tiene que servir para que un Estado como el argentino también tome la posta de lo que se ha hecho en el sistema jurídico chileno. Nadie puede ir en contra de un o unos derechos plenamente reconocidos en los sistemas jurídicos, y las cortes constitucionales o judiciales podrían, a la vez, ver vista simplificada su labor, sea en un caso de control de constitucionalidad, o en un análisis de ponderación de derechos, donde se prefiere, por así decirlo, a un derecho fundamental sobre otro. Y esa preferencia vendría por la circunstancia de que lo que está en juego, que es la información cerebral que determina al ser de las personas.

Ahora, si bien aún no cuenta este país con una norma de neuroderechos y neurotecnologías, de un análisis e interpretación de la legislación argentina de protección de datos personales, específicamente del artículo 2.° de la Ley N.° 25.326, Ley de Protección de Datos Personales, podría referirse que aquí los neurodatos estarían dentro del bloque de datos sensibles (como ya se ha mencionado a lo largo de esta obra). La razón de lo señalado es que, al usar, por ejemplo, las neurotecnologías los datos cerebrales de lo que las personas piensan, estas pueden ser capaces de generar una influencia en su actuar, y recuérdese que este tipo de datos abarcan lo más íntimo de su titular. Es más, tales tecnologías podrían descifrar no solo el origen étnico, de los ciudadanos, sino también sus ideologías e información de su vida sexual y salud (ello abarca pues los datos sensibles incorporados en la Ley N.° 25.326). Sin embargo, sería necesario una modificación de tal norma de datos personales e introducir la categoría de los neurodatos y fijarlos explícitamente como datos sensibles (Salort y Medina, 2020).

Interesante así resulta que, las posturas tomadas en cuenta expresen que debería tenerse una regulación propia de los neuroderechos como datos sensibles, o que se modifiquen las legislaciones de datos personales al respecto. Por esta parte, nuestra postura, ya citada, es que se establezca una regulación de neuroderechos reconociendo su condición de datos sensibles, al albergar la información de la mete pensamientos, datos de salud, ideologías, etc. Lo cual sin duda no minimiza la inclusión que se dé de por sí en las normas de datos personales a los neuroderechos, sino que, lo que se pretende es que exista una normativa clara y precisa de límites, responsabilidades, obligaciones, y demás; que en las ya existentes normas de datos personales podría tal vez no abordarse con el detalle requerido.

5.2.4. Perú

Respecto al Perú, este país cuenta con una regulación de datos personales decente, la Ley N.° 29733, Ley de Protección de datos Personales de Perú (LPDP) y el Decreto Supremo N.° 003-2013-JUS Reglamento de la Ley de Protección de Datos Personales (RPDP). No obstante, y como viene siendo la problemática de los demás países, que hasta el momento cuentan con una legislación de datos personales, no existe ni en la LPDP ni en el RPDP una mención expresa sobre los neuroderechos. Y según información contenida en La ley (2023), el reconocimiento de los neuroderechos estaría implícitamente en el RPDP, postulándose que es casi innecesario su adición expresa en la norma.

Inexorablemente, diferimos con esta postura citada, pues somos de la posición de que al ser datos que abarcan lo más íntimo de la esfera humana, los criterios de su tratamiento deben ser claramente especificados, así como sus limitaciones; debido a que el uso indebido de las neurotecnologías puede darse. Por tanto, no debe y puede dejarse margen alguno para la vulneración de los derechos como el de la libertad de pensamiento, la privacidad e integridad personal.

Por otro lado, es oportuno que ante la regulación de las neurotecnologías y los neuroderechos, los Estados tenga en cuenta los siguientes principios.

Tabla 3

Principios interamericanos sobre las neurociencias, las neurotecnologías y los derechos humanos

Principios	Contenido
Identidad, autonomía y privacidad de la actividad neuronal	La actividad neuronal se encuentra tutelada por los dispositivos normativos de derechos humanos, a razón de que, produce todas las tareas mentales e intelectuales de las personas, formando parte la naturaleza del ser humano, su identidad e intimidad. Por tanto, es primordial salvaguardar el dominio que las personas posee respecto a su identidad individual, y proteger su autodeterminación y libre pensamiento.
Protección de los Derechos Humanos desde el diseño de las neurotecnologías	En el desarrollo de las neurotecnologías, los Estados, tienen que hacer primar una perspectiva de derechos humanos. Ello respecto a sus formas de investigación, instauración, mercadeo, examen y utilización.
Los datos neuronales como datos personales sensible	La información neuronal forma parte de los datos personales sensibles. Quienes tengan la responsabilidad de manejar y emplear dichos datos, deberán acoger políticas de privacidad y de seguridad. Es esencial que los Estados incentiven medidas que aseguren el control, la seguridad, privacidad e integridad de la información neuronal.

Consentimiento expreso e informado de los datos neuronales	Como requisito fundamental para recabar datos neuronales del cerebro, tiene que obtenerse el consentimiento informado del propietario de los datos neuronales, sin ningún tipo de error. Pudiéndose revocar tal consentimiento siempre que se desee. Ello de be ser considerado con énfasis especial en el caso de las infancias, adolescencias, personas con alguna discapacidad, adultos mayores y quienes no dispongan de su libertad.
Igualdad, No Discriminación y Acceso equitativo a las neurotecnologías	Por parte de los Estados, tiene que asegurarse que las neurotecnologías sean accesibles de forma equitativa, considerando las prácticas tradicionales de las personas. También, debe de esbozarse políticas públicas sobre invención consciente, determinadas a erradicar las brechas de desigualdad y discriminación, con énfasis en las comunidades con mayor vulnerabilidad.
Aplicación terapéutica exclusiva respecto al aumento de las capacidades cognitivas	Es deber de los Estados, establecer regulaciones claras con monitoreo constante respecto a la utilización de las neurotecnologías relacionadas a perfeccionar las capacidades intelectuales de las personas. Debe prestarse particular reserva de neurotecnologías que van más allá de su implementación curativa, también sobre aquella que sirvan para optimizar las habilidades intelectuales con otros fines.

Integridad neurocognitiva	Es fundamental que se asegure la integridad neurocognitiva de la ciudadanía, a fin de prevenir aplicaciones neurotecnológicas invasivas y malintencionadas. Por ello, no debe permitirse que las intervenciones cerebrales modifiquen la libertad de pensar, por lo que tampoco es aceptable la existencia de cláusulas de exclusión o limitación de responsabilidad. Ninguna práctica que involucre las neurotecnologías debe contener tratos inhumanos que denigren la integridad neurocognitiva de las personas.
Gobernanza transparente de las neurotecnologías	Es deber de los Estados asegurar que la elaboración, empleo y venta de neurotecnologías se lleve con transparencia. Ello abarca desde la investigación hasta el uso de las neurotecnologías, y su vinculación con los derechos humanos y la entrega de información transparente sobre la administración de los datos neuronales.
Supervisión y fiscalización de las neurotecnologías	Debe de existir, por parte de los Estados, un control real y eficiente para garantizar que la utilización y aplicación de las neurotecnologías se ejerza respetando los parámetros internacionales relativos a la protección los derechos humanos, y así impedir consecuencias nefastas sobre los derechos de los ciudadanos. Ello debe ser considerado con énfasis especial en el caso de las infancias, adolescencias, personas con alguna discapacidad, adultos mayores y quienes no dispongan de su libertad.

Acceso a la tutela efectiva y acceso a remedios asociados al desarrollo y uso de las neurotecnologías	Es deber de los Estados, contar con herramientas jurídicas que protejan los derechos vinculados a la elaboración y empleo de las neurotecnologías. Igualmente, los Estados deben asegurarse que las personas accedan a los mecanismos de reparación en casos de vejaciones que tengan que ver con el desarrollo y uso de las neurotecnologías.

Nota. Esta tabla ha sido adaptada de «Declaración de principios interamericanos en materia de neurociencias, neurotecnologías y derechos humanos», por Comité Jurídico Interamericano, OEA, 2023, pp. 1-16.

6

ALCANCES SOBRE LA REGULACIÓN DE LA INTELIGENCIA ARTIFICIAL

En este apartado, se hará alusión a cómo se encuentra el camino de la regulación de la inteligencia artificial incluyendo las posturas de algunos expertos hasta los avances que han efectuado algunos Estados, es decir; los progresos que se han realizado por parte de las autoridades estatales para contar con normas o políticas públicas sobre el particular, poniendo especial atención los países, que potencialmente han estado, o al menos intentando, estar a la vanguardia con la regulación de esta tecnología.

Es preciso señalarse que, el hablar de la inteligencia artificial, también va a permitir que más adelante se establezca la relación que tiene esta en el campo de los neuroderechos, y a la vez de la importancia de su regulación. Aunque como ya se ha ido anticipando, son los algoritmos de la inteligencia artificial los que se han estado usando en el campo clínico con las neurotecnologías a fin de detectar la presencia de enfermedades neuro psiquiátricas.

Pues bien, cabe comenzar diciéndose que, en líneas generales, el tema de la regulación de la inteligencia artificial no ha avanzado como debería, aunque hay esfuerzos continuos. Empero, lo que urge de inmediato es que se cuente con una inteligencia artificial con las características de ser democrática; por lo que su escasa regulación, en muchos Estados, no ayuda a afrontar los peligros que esta tecnología está y estaría causando sobre los derechos de los ciudadanos. Además, sería pertinente que se desarrollen abundantes estudios respecto a la ética en el marco de la inteligencia artificial; garantizándose así que su utilización por las autoridades no se dé de manera arbitraria. Entonces, lo que se necesita para regular la inteligencia artificial, sería lo siguiente: a) organizar evaluaciones independientes sobre su regulación, b) las autoridades gubernamentales tendrían que desarrollar un esquema compacto de regulación de esta tecnología, sin mayores dilaciones, y c) tendría que invertirse más recursos para investigar de forma independiente las consecuencias éticas y políticas de tal tecnología (TERRASA, 2023).

Lo más importante de lo descrito es que, desde ya los gobiernos tienen que preocuparse en regular la inteligencia artificial, pero tal legislación no debe manejarse únicamente con la participación de abogados o técnicos en normas. Se requiere también de especialistas o investigadores en esta tecnología, para que aporten sobre qué aspectos serían importantes de regular; puesto que ellos conocen cómo se desarrolla y desenvuelve la inteligencia artificial, y, por tanto, pueden anticipar no solo los riesgos sino además sus ventajas.

No debe dejarse de lado que, lo que también se requiere es una regulación que abarque el tema de las obligaciones de las compañías proveedoras de inteligencia artificial. Además, tienen que existir políticas públicas alineadas a dicha regulación (esto para todos los países).

Ha de considerarse que, de igual modo, hay otros expertos que han propuesto qué es lo que tendría que considerarse al momento de regular la inteligencia artificial. En esa línea, ARBELÁEZ, *et al.* (2021) han postulado que las legislaciones de los Estados, para regular esta tecnología, deberían de concentrarse en lo siguiente:

a) Lograr un consenso para diseñar una regulación internacional que fije los parámetros de cómo debe ejecutarse la elaboración y desarrollo de la inteligencia artificial, tomando en cuenta la dignidad humana.
b) Establecer una serie de principios éticos y valores de carácter universal, por los cuales el empleo de la inteligencia artificial esté pensado para servir como instrumento que apoya el desarrollo de las habilidades de las personas (considerando en proyecto de vida personal de cada individuo).
c) Imponer sanciones respecto a las acciones que pretendan menoscabar la vida humana con el uso irresponsable e indiscriminado de la inteligencia artificial, por ejemplo, acciones como la introducción de dispositivos que alteren la mente y la libertad de actuar de las personas.
d) Penalización de la utilización de la inteligencia artificial como herramienta que permita a los gobiernos establecer regímenes totalitarios que controlen a los ciudadanos.

Debe tomarse lo descrito como una serie de recomendaciones a tener en cuenta, lo cual puede ser perfectible, pero se ve una inclinación de qué debería contener la regulación de la inteligencia artificial, lo que puede resumirse en: parámetros sobre su desarrollo y usos, así como los límites y sanciones.

Seguidamente, se mostrará una tabla en la que se detallan cuáles serán las tendencias que existirán en relación al uso de la inteligencia artificial, lo cual podrá verse como un beneficio en manejo de información para las organizaciones. Adicionalmente, también se expondrán los retos que el avance de la inteligencia artificial tendrá, lo cual justamente es motivo para procurar su sesuda regulación.

Tabla 4

Tendencias y retos de la inteligencia artificial

Tendencias	Retos
Al existir una confluencia total entre la inteligencia artificial, los datos y la nube, se requerirá de una nueva perspectiva de administración o gestión de los sistemas que empleen estas tecnologías.	Existirán fallos vinculados al desempeño del software, existencia de sesgos algorítmicos, además de haber inestabilidad.
La influencia de la inteligencia artificial en las cadenas de suministro, el metaverso y otras aplicaciones podrá ser liberado, ello gracias a las simulaciones.	En materia de ciber-ataques, la intromisión y peligros respecto a la privacidad, a la revalorización de software libre, aunque tenga sus ventajas, si es que no se logra un buen control de las comunidades, tal software se convertirá en un riesgo potencial.

Ya no existirán más datos desorganizados, puesto que la inteligencia artificial ayudará a fijarlos, emplearlos y hacerlos rentables (Big Data).	Tiene que existir un control adecuado de los datos, con trabajadores preparados, con sistemas de transparencia. Esto último debido a que hay casos en los que los desarrolladores de la inteligencia artificial no pueden predecir ciertos resultados, teniendo que generarse un análisis de impactos de esta tecnología.
El valor integral de la inteligencia artificial podrá ser analizado. Podrá también efectuarse un pronóstico de ello, y no únicamente se empleará el ahorro de costos.	A nivel monetario, esta tecnología tendrá una gran incidencia en varios aspectos, sobre todo en el mundo laboral, por lo que se necesitará una adecuada preparación y tomar medidas de contingencia.
Tendrá que existir prioridad en la influencia que la inteligencia artificial desplegará en el medio ambiente, en la sociedad y la gobernanza.	Será necesario adoptar medidas que contrarresten la tergiversación de la información, la mala gestión de la información, la desigualdad del conocimiento y la vigilancia.
La gestión de la inteligencia artificial no puede depender únicamente de los expertos que la desarrollan, sino que debe haber participación de distintos profesionales.	A nivel empresarial, el mal uso de la inteligencia artificial puede causar daños en el prestigio de las organizaciones, puede haber descuidos en el cumplimento normativo que regula esta tecnología, uso de sesgos algorítmicos que discriminen, etc.

Nota. Esta tabla ha sido adaptada de «La garantía en la protección de datos personales derivado del uso de inteligencia artificial», por Global Annual Review 2021 - *PWC, Revista Digital del Sistema Nacional de Transparencia*, 2022, pp. 49-54.

Después de haber especificado las tendencias y retos de esta tecnología, a continuación, en la sección que sigue, se va a describir en especial cómo está siendo su utilización en el mundo jurídico. Ello debido a que, al ser este un libro que trata también sobre aspectos de su regulación, será interesante ver qué está sucediendo y qué se está haciendo en el derecho con ella.

6.1. La inteligencia artificial en el mundo del derecho

Desde ya cabe comenzar señalándose que, en los ordenamientos jurídicos, se ha empezado a estudiar la incidencia que tiene la inteligencia artificial en el ámbito del derecho. Por ejemplo, distintas cortes de justicia están empleando sistemas de inteligencia artificial a fin de adoptar resoluciones judiciales, lo que además ha generado inquietud respecto a si está existiendo, por parte de los sistemas automatizados, criterios de igualdad o transparencia. No puede negarse pues que, varios órganos del sistema judicial y de la fiscalía, están usando en sus labores dicha tecnología (tal es el caso del derecho penal. Pero cabe precisarse que, la utilización de la inteligencia artificial trae una serie de retos, como lo son: los sesgos algorítmicos, el respeto a los criterios de transparencia y de rendición de cuentas. Se ha hecho mención que, existe el inconveniente de que se entrene a los algoritmos de autoaprendizaje usando determinados datos con información sesgada, lo que podría aplicarse para dar solución a los casos penales o de defensa nacional; pudiendo hacer que las decisiones que se tomen estén sesgadas (UNESCO, 2023).

Da para pensar que, cuando se entrene a un sistema de inteligencia artificial, la información que se emplee para elaborar una sentencia no sea la más adecuada, por fallas lógicas de los sistemas; pudiendo declararse hasta la culpabilidad de un inocente. Lo que aún podría sugerirse, mientras estos sistemas de inteligencia artificial se entrenan, es que, por más que su uso facilite algunas actividades, siempre debe de existir una supervisión humana. No se puede todavía ser enteramente dependiente de las máquinas, menos cuando hay análisis que por el grado de valoración que se necesita, implican la intervención humana.

Detallándose más este tema, está la aplicación de la inteligencia artificial en los sistemas que tienen como base el conocimiento legal. Aquí la argumentación se despliega mediante la estructura formal, que puede ser edificada con varios pensamientos deductivos, por ejemplo, los razonamientos deónticos, referidos a concepciones como; deberes, restricciones y autorizaciones, (lo que puede darse por los operadores discursivos o a través de representaciones de una serie de leyes, constitutivas, imperativas o de permiso. En este contexto, pude aplicarse un juicio crítico fundamentado en precedentes (juicio crítico sustentado en casos), o un juicio crítico fundamentado en preceptos. Los modelos descritos sostienen sus predicciones en componentes textuales (propiedades) que muestran parámetros de decisiones. Tiene que señalarse, asimismo, que para que se dé el procesamiento del lenguaje natural, vinculado a un modelo de aprendizaje automático, en el que está inmerso el procesamiento de textos judiciales, debe de considerarse las siguientes etapas: 1) la reunión de un conjunto de textos trascendentales aplicables a la materia; 2) el preprocesamiento de los textos seleccionados, a fin de que los algoritmos estén en la capacidad de llevar el procesamiento del lenguaje natural; 3) el registro de los textos, mediante herramientas automáticas o manuales para colocarles las etiquetas adecuadas; y 4) el entrenamiento del modelo que realizará las predicciones (Maranhão *et al.* 2021).

Todos esos pasos mencionados, que deben llevar a cabo los sistemas que tienen como base el conocimiento legal, para ser aplicados a sentencias, requieren de por sí un entrenamiento adecuado, pero a la vez de una supervisión para evitar que se incorporen sesgos. No se debe olvidar que, son máquinas, sistemas que pueden fallar en alguna de sus etapas, haciendo que el procesamiento del lenguaje natural no sea el esperado.

Dicho esto, ahora también sería interesante ver la aplicación del famoso SEJ, el cual se desarrolla como sistema computacional capaz de otorgar potenciales respuestas para resolver ciertos casos judiciales, para lo cual se vale de los conocimientos de los especialistas en temas judiciales, y empleando la lógica de esos expertos. Este sistema sirve para brindar alguna asesoría jurídica o resolver algún tema dentro del sistema judicial, y se compone de (Martínez, 2012):

1. La fuente de conocimiento, que muestra una representación simbólica de determinados elementos y hechos, los que forman parte de toda la información precisa para el desarrollo de una actividad. La información que contenga este sistema establece terreno de su labor y los inconvenientes que el sistema resolverá.

2. El mecanismo de deducción, el cual es un dispositivo encargado de exhibir una serie ordenada de pensamientos lógicos y rastreo en la fuente de conocimientos, haciendo posible que el SEJ otorgue respuestas para resolver los inconvenientes formulados.
3. La interfase con el usuario, con ello se faculta al usuario a tener comunicación con el sistema y recibir el apoyo que desea ante su consulta.

Sobre este sistema, no habría, desde este punto de vista, mucho problema, al ser solamente una herramienta de apoyo para los expertos jurídicos, es decir; no es que este se emplee para emitir una sentencia, por ende, decidir el destino de una persona, más bien es como un ChatGPT. Ello, además, puede ser una herramienta de apoyo para el estudio de casos con patrones similares, lo cual genera predictibilidad.

En relación a la investigación judicial, la inteligencia artificial ha desempeñado un rol esencial, sobre todo en lo que se conoce como los datos abiertos, y es que no puede olvidarse que el que se tenga acceso a varios datos permite que, con las más novedosas herramientas de inteligencia artificial, se diseñen programas que brinden a la ciudanía la oportunidad de acceder a información que compone la llamada estadística judicial. Tal invención faculta que se creen programas vinculados al empleo de datos judiciales (por ejemplo, estimar el tiempo en que los casos serán resueltos por la corte, la cantidad de casos que han obtenido sentencia, y más). Así también, tales programas hacen posible que la interpretación de dichos datos pueda ser utilizados no solo por los operadores jurídicos, sino también por cada uno de los ciudadanos y compañías que deseen realizar investigaciones basándose en esa información (Ayuda, 2019).

Lo citado líneas arriba es muy cierto, puesto que el uso de la inteligencia artificial para recopilar datos y formar patrones, y así dar paso a la estadística judicial, dota de eficiencia a los sistemas jurídicos. Además, brinda transparencia a la ciudadanía para que esta sepa si los juzgados están trabajando y cómo lo están haciendo; ya que es muy conocido que en las cortes existe demasiada carga procesal, y los casos pueden tardar años en ser resueltos; llegando a pensarse que tal vez la justicia no está ejerciendo sus labores. Pero, si en las páginas web de los juzgados se transparenta esa información, diseñada claramente con la ayuda de la inteligencia artificial, va a haber más confianza en la población.

Otro de los campos del derecho en el que la inteligencia artificial ha tenido un gran impacto ha sido en el del derecho de autor. Siendo ello así, aquí cabría una pregunta: ¿Puede alguna creación desarrollada con inteligencia artificial estar sujeta a la protección de los denominados derechos de autor? A fin de dar respuesta a esta interrogante, lo adecuado va a ser determinar, según el campo de los derechos de autor, qué requisitos tendrían que tener las obras para estar protegidas en ese espectro. Sin más preámbulos, estos son los criterios a considerar: (i) la obra debe ser original, es decir; la obra no ha de haber nacido de una copia, (ii) la obra tiene que haber resultado únicamente de la creatividad de las personas, y (c) la obra tiene que ser pasible de reproducción y difusión. Habiendo visto los requisitos o criterios, puede alegarse que una obra creada por la inteligencia artificial sería objeto de protección del ámbito de los derechos de autor, puesto que no ha nacido del ingenio de una persona. Adicionalmente, queda expresar que las creaciones producto de esta tecnología estarían libres de derechos de autor, sin pertenecerle a nadie (Morales, 2021).

Sin duda, esta puede ser una conclusión controversial, pero si se analiza a detalle los propios requisitos de las obras, para estar protegidas por los derechos de autor, el ingenio humano debe estar presente. Por ello, las supuestas obras creadas por la inteligencia artificial quedarían fuera de ese ámbito, y nadie podría pretender que una obra es suya y hacerla pasar como su invención; y este es un muy claro ejemplo con lo que estaría pasando, por ejemplo, con las obras escritas con el ChatGPT. No obstante, si tendría que hacerse una salvedad sobre este caso, y es que los sistemas de inteligencia artificial se están alimentando de información alojada en internet, que procede de otras personas, como son las obras. En este último escenario, se es de la idea de que se tendría que proteger los derechos de autor de los titulares de la información, de los que esta tecnología recopiló los datos sin autorización o referencia.

6.2. Ética en la aplicación de la inteligencia artificial

Pese a que de la inteligencia artificial se ha venido hablando hace mucho tiempo, es en los últimos años que se ha visto su crecimiento exponencial, ello debido al uso de modelos apoyados en datos, y por supuesto, por la intensa e incesante era de la digitalización. Sin embargo, son las cuestiones éticas las que siguen rodeando la aplicación de la inteligencia artificial, lo cual ha llevado a abogarse por crear tecnologías que tengan un impacto social positivo. Aunque debe rescatarse que, si es que se llevan a cabo investigaciones con rigurosidad, basadas en criterios éticos, podrían mitigarse los potenciales peligros que se vinculan con esta tecnología, y así la sociedad podrá recibir los beneficios de su uso (Fundación Innovación Bankinter, 2023).

En el escenario descrito, debe mencionarse que, cuando se crea una regulación, lo más común es que en sus disposiciones se establezcan principios, los cuales, en este caso, deben estar orientados a regir el uso de la inteligencia artificial. En adición, también tendrían que crearse códigos de ética, recomendaciones y guías respecto al uso de estas tecnologías donde el factor ético sea una piedra angular, y donde quienes responderían serían las empresas desarrolladoras y quienes las usan (sobre todo viendo qué fines le otorgan).

En esta situación, Marín (2019) indicaba que, el cómo establecer los parámetros éticos de la inteligencia artificial sería una labor sencilla, por motivo de que tales herramientas tecnológicas, para su funcionamiento, actúan de manera automática, aunque sin la inteligencia que poseen los humanos, y no contando, por ende, con de una plena independencia en su accionar. Y pese a que tales dispositivos son capaces de desempeñar actividades que van más allá de lo que las personas podrían realizar, no cuentan con raciocinio al ejecutar sus acciones; no pudiéndoseles atribuir una responsabilidad ética. Entonces, lo que puede referirse es que, en términos éticos, la responsabilidad recaería en quienes elaboran estas tecnologías. Una explicación de ello viene dada por el hecho de que, estas tecnologías realizan funciones porque alguien las programó y diseño para operar.

La ética les corresponde a los humanos, no a las máquinas. Los sistemas de inteligencia artificial no son seres con derechos y deberes, no poseen libertad de pensamiento o de decisión. Cualquier tipo de responsabilidad civil, administrativa o penal, recaerá en quien maneje esos sistemas, por tanto, es su deber diseñar o entrenar modelos de inteligencia artificial respetando los estándares fijados en una sociedad, como los éticos.

Prosiguiendo así con los dilemas éticos que atañen al uso de la inteligencia artificial, por su lado, BAQUERO (2023) ha sido muy claro al referir que la incorporación de los métodos de inteligencia artificial, presentan ciertos riesgos asociados a la falta de privacidad, la aparición de los sesgos algorítmicos y disminución de la transparencia. En adición, los métodos que usa la inteligencia artificial tienen instaurados una serie de resoluciones y actos que requieren de ser programados, siendo que tales resoluciones tendrían efectos morales. Por lo cual, al referirse al tema de la ética, debe considerarse la forma en la que se manejarán los riesgos de la tecnología en cuestión, así como incorporar algoritmos que adopten resoluciones morales. En relación a los riesgos en la privacidad, los sesgos y el detrimento de la transparencia, a causa del empleo de la inteligencia artificial, la clave estaría en proponer algunas políticas a fin de mitigar dichos riesgos. Una idea podría ser, por ejemplo, desarrollar acciones técnicas para elaborar determinados algoritmos que formen parte de las aplicaciones de la inteligencia artificial.

Hasta aquí puede decirse entonces que, en el desarrollo de tecnologías como la inteligencia artificial, se deben de contar con ciertos principios éticos en su aplicación, los cuales deben de seguir criterios éticos.

A continuación, la enumeración de los enunciados principios éticos, como propuesta, en la utilización de la inteligencia artificial MARÍN, 2019, como se citó en SEBIO, 2020):

1. La independencia humana debe ser respetada: la independencia de los seres humanos debe de ser respetada en cada una de las etapas del desarrollo de la inteligencia artificial, lo cual incluye también respetar cada uno de los derechos esenciales de las personas.
2. Aplicación de métodos de transparencia: es vital que se pueda hacer un seguimiento de las decisiones que tomen los dispositivos o robots inteligentes. En otras palabras, que se esté en la capacidad de saber cuál fue el procedimiento que siguió la máquina para su decisión, y determinar los datos que usó. Esto supone que, no puede alegarse que las decisiones tomadas por los sistemas no sean predecibles.
3. Existencia de responsabilidad y mecanismos de rendición de cuentas: deben existir criterios de responsabilidad en materia de inteligencia artificial, los cuales deben de ser aplicados comenzando en la etapa de diseño. No puede alegarse como eximente de responsabilidad a la autonomía o independencia de la máquina. Debe recordarse que por más autonomía que quiera imponérsele a las máquinas, su programación ha sido dada por los humanos.

4. Resistencia y mecanismos de seguridad: la inteligencia artificial tiene que contar con algoritmos que sean seguros y confiables, a fin de solucionar fallas o incongruencias. La elaboración de esta tecnología debe prever potenciales mecanismo de contingencia frente a los ciberataques o errores.
5. Justicia y no discriminación: tiene que existir una integración de los grupos con los cuales el sistema inteligente va a relacionarse. A fin de evitar que haya situaciones discriminatorias, tiene que existir un empleo justo y total de los datos.

Esta serie de principios éticos que han sido elaborados, son realmente los más adecuados, puesto que consideran, con toda razón, a la intervención humana como la potencial causa de los riesgos y peligros que entraña el uso de la inteligencia artificial. Es decir, no hay máquina que falle sin responsabilidad humana, y, por tanto, no hay autonomía absoluta de las máquinas, porque su elaboración y manejo dependen de los humanos. De igual modo, ante los potenciales riesgos y peligros que se sabe que pueden traer los sistemas de inteligencia artificial, lo que compete a sus desarrolladores, como mecanismo de prevención, es diseñar sistemas de seguridad frente a ataques cibernéticos. Además, se debe de emplear en sus sistemas, datos confiables, y para ello, lo recomendable es nutrir a los sistemas de inteligencia artificial con toda la información que aporte.

6.3. Estados que han avanzado hacia la regulación de la inteligencia artificial

El proceso de regular la inteligencia artificial ya se ha comenzado, aunque de forma segregada, puesto a que en distintos países se han emitido sendos documentos legales. Y como era de esperarse, han sido las potencias mundiales las que han tomado la batuta ante ello; mediante la publicación de sus políticas sobre el fomento del empleo y desarrollo de la inteligencia artificial. Durante el año 2016, se han ejecutado una serie acciones en los foros intergubernamentales del G-7 o el G-20. De igual modo, entes internacionales, desde la UNESCO hasta la Organización para la Cooperación y el Desarrollo Económico (OCDE), han elaborado estándares normativos internacionales en materia de inteligencia artificial, y las corporaciones, las instituciones de investigación, la sociedad civil organizada y los gobiernos subnacionales también. Pero, lo problemático de esto es que, no existe una definición común de lo que es la inteligencia artificial. Testificación de lo anterior se puede ver con los esquemas de gobernanza en tecnología que naciones como Estados Unidos, China o la región europea poseen. Aunado a esto, están las disonancias generadas entre las empresas desarrolladoras de la inteligencia artificial, la sociedad civil y los gobiernos respecto a los conflictos de intereses, normas y códigos de conductas aplicables a esta tecnología (Galceran, 2023).

Entonces, se tienen intenciones, existen foros, reuniones, pero si no hay un marco común de lo que es la inteligencia artificial, es evidente que no va a resultar posible. Y esta idea, es clara, hay Estados trabajando en sus propias regulaciones, pero si al final no existen acuerdos comunes, se puede dificultar sentar parámetros y límites del desarrollo y uso de la inteligencia artificial. Ello daría pie a que, por ejemplo, en ciertos países se pueda permitir ciertos usos de esta tecnología, pero que, en otros, esos mismos usos estén restringidos. Por ello, si bien los avances en regulación por cada país son elocuentes y necesarios, habría aún que generar una mejor visión de lo que sería la regulación de la inteligencia artificial para todos los países, para que cada uno de ellos comience a cimentar sus normas de acuerdo a un marco común.

A continuación, en esta figura se hará alusión a algunos Estados que han ido emprendiendo acciones a fin de regular la inteligencia artificial.

Figura 2
Estados en proceso de regular la inteligencia artificial

Francia	El organismo de control de privacidad francés emprendido una investigación respecto al sistema de inteligencia artificial ChatGPT, porque se habían reportado reclamos de los usuarios en materia de privacidad. Para los juegos olímpicos, de París del año 2024, se ha aprobado la utilización de vídeo vigilancia de inteligencia artificial, sin considerar los pronunciamientos de los activistas de derechos civiles sobre el riesgo para las libertades.
China	El ente regulador del ciberespacio del Estado Chino, a inicios del 2023, presentó un bosquejo de acciones para gestionar los servicios de inteligencia artificial generativa. Asimismo, exhortó a que las organizaciones que, previo a vender sus sistemas de inteligencia artificial, tenían que entregar ante las autoridades gubernamentales sus evaluaciones de seguridad.
Reino Unido	En marzo del 2023, las autoridades del Reino Unido mencionaron que a fin de regular la inteligencia artificial iban a establecer entre sus reguladores de derechos humanos, salud y seguridad y competencia la obligación de regular la inteligencia artificial.
España	La agencia española de protección de datos inició una investigación preparatoria por la potencial divulgación de datos en la que habría incurrido el sistema del ChatGPT. Igualmente, la agencia requirió al organismo de control de la privacidad de la Unión Europea su intervención a fin de analizar las cuestiones privacidad por el empleo de tal sistema.
Japón	Desde el Ministerio de Transformación Digital se comunicó el deseo de sostener, con los ministros digitales del G7, una reunión a fin de dialogar sobre los sistemas de inteligencia artificial, como el ChatGPT, y expedir un pronunciamiento común del G7.
Irlanda	El organismo de protección de datos de Irlanda, en abril del 2023, expresó que debía de regular la inteligencia artificial generativa, como el ChatGPT, pero antes tendría que existir medidas concretas por parte de los órganos rectores a fin de no tener normas inservibles.
Italia	El país había con anterioridad había prohibido provisionalmente el uso del ChatGPT, a razón de que la autoridad de protección de datos italiana alegó una potencial vulneración a la privacidad de los usuarios y no haber corroborado si los usuarios tenían trece años o más.
Australia	Las autoridades australianas han estado asesorándose, a través del principal organismo asesor científico del Estado, respecto a cómo abordar el uso de la inteligencia artificial. Además, a inicios de noviembre del 2023, la Agencia de Propiedad Intelectual dio a conocer su postura y sugerencias vinculado a cómo debía regularse la inteligencia artificial y la relación que ello tenía con la propiedad intelectual.

Nota. Esta figura ha sido adaptada de «¿Qué países están intentando regular la inteligencia artificial?», por Reuters, *EURONEWS*, 2023, [Sitio web].

6.3.1. Unión Europea

En la región europea, existen prominentes avances relacionados a crear un marco normativo de la inteligencia artificial; siendo que aparejada a su regulación de datos personales, su legislación en materia de inteligencia artificial sería otro de los hitos de esta comunidad. Prueba de lo anterior son los pasos gestados respecto a la estrategia europea de la inteligencia artificial, cuya meta primordial es que el eje del desarrollo de la inteligencia artificial sea el ser humano. Asimismo, con tal estrategia lo que se busca es robustecer la confianza de la ciudadanía frente al crecimiento digital, además de desarrollar un beneficio competitivo para las compañías de Europa asociadas al sector de la inteligencia artificial (PARDIÑAS, 2020).

Lo que resumidamente puede contemplarse y rescatarse es que, en la Unión Europea la visión de normas de inteligencia artificial viene de la mano de los documentos que en la región ya han ido emitiéndose, desde hace más de una década. Es significativo, también, que el marco regulatorio venga de la mano de la perspectiva de derechos humanos, y que ello ayude a que se trabaje respecto a la protección de los datos neuronales, sobre todo hoy con los innumerables sistemas de inteligencia artificial que van surgiendo.

Por ejemplo, a través de la Comisión Europea, han existido una serie de acciones referente a la regulación legal de la inteligencia artificial. Ello con motivo del creciente avance de tal tecnología, y a la vez para proporcionar protección a los derechos humanos de las personas de la Unión Europea, y así proscribir el uso de alguna inteligencia artificial que atente contra los principios de la región. Por ello, a continuación, se muestra un breve resumen de las principales acciones desarrolladas a lo largo de este tiempo (SÁNCHEZ y TIRSO, 2023).

- Año 2010: elaboración de la Agenda Digital para Europa, con una vigencia de diez años, reconociéndose la importancia de las TIC (Tecnologías de la Información y Comunicación) para el crecimiento de la región europea.
- Año 2015: desarrollo de la Estrategia para el Mercado Único Digital, en el contexto del desarrollo de la Agenda Digital para Europa. Su fin era asegurar que los usuarios y organizaciones tuviesen una accesibilidad legitima respecto a los derechos, prestaciones, y herramientas digitales. Ello dio paso a la proclamación de un conjunto de reglamentos y directivas.
- Año 2019: publicación de la Directrices Éticas para una IA fiable, por parte del Grupo de Expertos de Alto Nivel sobre inteligencia artificial. Se propuso que la inteligencia artificial podría ser confiable cuando poseyera un carácter legal, ético y sólido.
- Año 2020: Aprobación de la segunda Estrategia Digital para Europa, Configurar el futuro digital en Europa.
- Año 2020: Conclusiones de la Presidencia sobre la Carta de los Derechos Fundamentales en el contexto de la inteligencia artificial y el cambio digital.
- Año 2020: se presenta la Propuesta de Artificial Intelligence Act (AIA), o Propuesta del Reglamento de la Inteligencia Artificial, respecto a la confiabilidad de la inteligencia artificial y algu-

nas estrategias de prevención ante los posibles peligros en su empleo. En este documento se pretendía clasificar los riesgos de la inteligencia artificial y los métodos más usados en ella. Adicionalmente, se hacía mención al principio de transparencia, mecanismos de supervisión y el establecimiento de un plan coordinado de esta tecnología, para que así los países de la región los apliquen.

- Año 2021: Complementación de la segunda Estrategia Digital para Europa, mediante la Comunicación Brújula Digital: el enfoque de Europa para el Decenio Digital. Al termino de ese año, la Comisión Europea sugirió el Reglamento de Servicios Digitales y un Reglamento de Mercados Digitales.
- Año 2021: presentación de la Propuesta del Reglamento de la Inteligencia Artificial para armonizar las normas en materia de la inteligencia artificial, por parte de la Comisión Europea; reformándose ciertas disposiciones legales de la región, como, por ejemplo, la asociada a la inteligencia artificial con el software que genera predicciones.

Continuando con la descripción de los pasos encaminados para que actualmente la Unión Europea haya adoptado el Acuerdo del Reglamento de Inteligencia Artificial de la Unión Europea, será oportuno mencionar brevemente el contenido que tuvo en un principio una denominada Propuesta del Reglamento de la Inteligencia Artificial (la propuesta). Esta había estructurado que los sistemas de inteligencia artificial debían ser regulados considerando el riesgo que implique su utilización, como; riesgos de categoría baja o mínima, alta o inaceptable. Así bien, en los siguientes párrafos se hará mención a algunas consideraciones al respecto (García, 2021):

- De acuerdo a la propuesta, en los sistemas de inteligencia artificial de bajo riesgo, los distribuidores de esta tecnología tenían que adherirse de forma voluntaria a los variados códigos de conducta, códigos de buenas prácticas, que para el resto propone en el artículo 69.° de la mencionada propuesta. También era pertinente que aquellos distribuidores tuviesen que seguir ciertas obligaciones especiales sobre criterios de transparencia.

  Según la propuesta, los sistemas de riesgo inaceptable, no estaban permitidos. Para ello, la propuesta en su artículo 5.° determinó qué acciones que implicasen el uso de la inteligencia artificial se encontraba proscritas en Europa; esto debido a su potencial peligro para los derechos que se protegen en la región europea, y, además, porque ciertas prácticas que se diesen por el uso negligente de la inteligencia artificial podían dañar a algunos sectores vulnerables.

- La propuesta, respecto a los sistemas de alto riesgo, prescribía que para que se permitiese la aplicación de estos, era indispensable que se adoptasen unos robustos requisitos horizontales a lo largo de su ciclo de vida (artículos 8.° al 15.° de la propuesta). Los requisitos particulares debían de ser aplicados a los distribuidores, (artículos 16.° al 23.° y 25.°), desarrolladores de tecnologías (artículos 24.°), importadores (artículos 26.° y 28.°), vendedores (artículos 27.° y 28.°) y clientes (artículos 28.° y 29.°).

  Los requisitos generales relevantes eran los denominados requisitos de reserva de humanidad, como el de la existencia de una vigilancia humana (artículo 14.°). Para ello, se iba a necesitar de un cúmulo de directivas que estuviesen enfocadas en las reglas, los análisis, las certificaciones e inscripciones, que tenían que cumplirse para el empleo de los sistemas de inteligencia artificial que contasen con un nivel alto riesgo, solo así podrían ser aceptados en la región europea (artículos 40.° al 51.°).

- El análisis de la propuesta dejaba ver que, existían distinciones en lo que respectaba a los sistemas de alto riesgo, sea por criterios como el de su utilización exclusivo y propiedades. Se tenía así, el caso de los sistemas de identificación biométrica a distancia, los que tenían la misión de reconocer a las personas naturales a distancia, haciendo un contraste de su información biométrica con los datos alojados en un banco de datos referencial (artículo 3.36.°). Sistemas que, por supuesto, entrarían a la categoría de alto riesgo, y por lo que estarían proscritos (artículos 5.1.°. d) y 5.2.°). Y si es que se deseara usar algún sistema de identificación biométrica, ello se haría excepcionalmente, siempre y cuando se contase con un previo permiso otorgado por una autoridad del sistema de justicia o del sistema administrativo (artículo 5.3.°), además de que el sistema estaría bajo supervisión, teniendo en cuenta parámetros de transparencia (artículo 52.°).

De los aspectos contemplados en la propuesta, existen cuestiones interesantes que, cuando la norma de inteligencia artificial quede totalmente finalizada y aprobada, deben de examinarse. Estas cuestiones serían: el tema de los códigos de buenas prácticas, en nuestra consideración, tendría que ser de carácter vinculante y no meramente voluntario, sabiendo la gama de datos que pueden albergar estas tecnologías, y más si se piensa en una elasticidad que abarque a los datos cerebrales. Asimismo, en relación al tema de la vigilancia humana, como el del caso de la migración de personas, en el que existen fuentes que mencionan que, se están usando arbitrariamente sistemas de inteligencia artificial para vigilar la ruta de los migrantes, se reitera, la necesidad de contar con directivas o códigos de buenas prácticas que proscriban la utilización de tales sistemas para esos casos, más si es que tales migraciones no representa un peligro para la seguridad nacional de los Estados.

Ahora bien, lo que desea el Parlamento Europeo con la regulación de la inteligencia artificial es que los sistemas de esta tecnología, empleados en la región europea, estén bajo los criterios de seguridad, transparencia, detección, no discriminación y protección medio ambiental. Igualmente, el Parlamento Europeo tiene como prioridad la supervisión de los sistemas de inteligencia artificial sea ejecutada por seres humanos, y no mediante un control automatizado; ello con la meta de no causar daños. Aparte de eso, el Parlamento Europeo ha mostrado su deseo de que exista un concepto homogéneo y técnicamente ecuánime de inteligencia artificial, para que así se pueda usar dicho concepto para los sistemas de inteligencia artificial que aparezcan con posterioridad. También, se requiere que la inteligencia artificial generativa (como el ChatGPT), cumpla ciertos criterios de transparencia, como los vinculados a mostrar qué contenido se produjo mediante esta tecnología, establecer un modelo para que no se elaboren contenidos ilícitos, y dar a conocer los resúmenes de los datos que están bajo la tutela de los derechos de autor usados para entrenar a la inteligencia artificial (PARLAMENTO EUROPEO, 2023).

Lo que expresa como tal el Parlamento de la región europea es lo esencial, y es que, no puede dejarse toda la operación de unos sistemas tecnológicos a la misma tecnología. Tiene de por sí que, existir un control y monitoreo humano. Adicionalmente, se sabe que hoy puede estar hablándose del sistema de inteligencia artificial como el ChatGPT, pero el día de mañana puede surgir uno nuevo, o varios; por lo que también es oportuno que, con una regulación, se acuerde un concepto uniforme de inteligencia artificial, el que, por supuesto, abarque sistemas que se desarrollen a futuro. Para ello, se recalca, que, en cualquier clase de norma, directiva o código, tiene que existir también la intervención de los desarrolladores de esta tecnología. Finalmente, ya como remisión normativa, será necesario que la regulación de inteligencia artificial, aborde el tema de la elaboración de contenidos ilícitos, sujeto a contemplarse con mayor precisión, por ejemplo, en los códigos penales de los países.

Con todo lo expuesto hasta aquí, puede por lo pronto señalarse que, el 8 de diciembre del 2023, por fin, la Presidencia del Consejo y los negociadores del Parlamento Europeo, pudo concretar, de forma provisoria (y sujeto a ser perfectible), un acuerdo relacionado sobre el Reglamento de Inteligencia Artificial de la Unión Europea (Acuerdo del Reglamento de Inteligencia Artificial de la Unión Europea), el cual podrá ser aplicado dos años posteriores a su adopción, salvo disposiciones en las que se señale su aplicación anterior.

Si bien se estuvieron manejando diversos aspectos a regular en el mencionado acuerdo, como los que se vio párrafos arriba, este acuerdo provisorio adoptado, en líneas generales, contiene lo siguiente (CONSEJO DE LA UNIÓN EUROPEA, 2023):

- Disposiciones respecto a sistemas de inteligencia artificial de empleo común, que posean considerables repercusiones susceptibles a provocar un riesgo sistémico, lo cual incluye a los sistemas de inteligencia artificial de alto riesgo.

- Un esquema de revisión sobre la gobernanza, que cuenta con algunas funciones de ejecución a nivel de la Unión Europea.
- En cuanto a la lista de prohibiciones, está se ha extendido, pero dejándose la opción de que las autoridades policiales hagan uso de la identificación biométrica remota en áreas públicas, con ciertas garantías.
- Existe una protección más adecuada respecto a la defensa de los derechos humanos, debido a que se ha establecido que, quienes implementen los sistemas de inteligencia artificial considerados de alto riesgo, tienen que ejecutar un análisis ligado al efecto que pueden tener tales sistemas en los derechos fundamentales de las personas.
- Se ha dispuesto que el Acuerdo del Reglamento de Inteligencia Artificial de la Unión Europea únicamente sea de aplicación en la Unión Europea, además de que su ámbito de aplicación no podrá interferir en las atribuciones que los Estados adherentes tengan sobre cuestiones de seguridad nacional, ni tampoco sobre aquellas agencias que lleven a cabo labores de seguridad nacional.
- El Acuerdo del Reglamento de Inteligencia Artificial de la Unión Europea no podrá aplicarse a los sistemas que únicamente son usados para cumplir objetivos militares o de defensa.
- El Acuerdo del Reglamento de Inteligencia Artificial de la Unión Europea no es de aplicación a los sistemas de inteligencia artificial que se usen solo para realizar estudios de investigación o te-

mas relacionados a innovación, tampoco es de aplicación para los usuarios que usen la inteligencia artificial por razones de ocio.

Empero, sobre el Acuerdo del Reglamento de Inteligencia Artificial de la Unión Europea aprobado, han existido algunos cuestionamientos respecto a este y su contenido, o falta de contenido en algunos temas. Por ejemplo, según ACCESS NOW (2023), no se tiene conocimiento de la manera en que dicha norma reglamentará el uso de la inteligencia artificial en los casos de migración respecto a la utilización de datos biométricos, especialmente en la forma en la que la usan las autoridades policiales y migratorias. Tal falta de énfasis en la regulación de este tema, habría sucedió por la negativa de los países miembros de abordar dicho asunto. Por ello, sin dudas, este será uno de los aspectos a los que se le deberá prestar atención cuando se tenga pleno conocimiento de las implicancias del reglamento, y cuando se propongan sus modificaciones; puesto que su pleno desarrollo, pese a su aprobación, está en proceso. Empero, lo importante será observar, y sobre todo analizar, lo siguiente en el reglamento:

1. Si es que está permitido que los países de la Unión Europea estén exentos de la aplicación del reglamento cuando existan cuestiones relativas a la seguridad nacional, y, por tanto, se usen los sistemas de inteligencia artificial hasta en casos de vigilancia en la migración.
2. Si es que se exige a las autoridades policiales y de migración transparencia cuando se lleven a cabo los procedimientos migratorios, o si es que se les permitirá usar sistemas de inteligencia artificial indiscriminadamente en tales procedimientos.

3. Si es que está permitido o no el uso de sistemas de inteligencia artificial, u otra forma identificación biométrica, empleados para vigilar las fronteras por donde transitan los migrantes.

Los tres aspectos planteados, son de preocupación, porque si se lee los principales acuerdos adoptados, según el Consejo de la Unión Europea, existiría una libertad para que, en efecto, los países puedan usar sistemas de inteligencia artificial respecto a cuestiones de seguridad nacional. Ahora, esto sería problemático por dos razones; uno por establecerse que los países están exentos de observar el reglamento cuando su seguridad nacional peligre, y dos, porque habría que ver si una cuestión migratoria (o crisis de esta), podría ser considerada o no como una situación que afecte a la seguridad nacional. Por ello, con mucha razón, se tendría que estar al pendiente de lo que diga el reglamento totalmente finalizado.

Otra problemática la constituye la carta abierta de usar, a decisión de las autoridades policiales, el uso de la identificación biométrica a distancia en espacios públicos. Sobre el particular, tendría que verse cómo y el propósito por el que esta acción será llevada a cabo y si es aplicable o no al caso de migración.

Los casos son solo algunos cuestionamientos desplegados al documento, que se recalca, aún está en perfección, porque se requiere del consenso político. Por ejemplo, aún falta que la Comisión de Mercado Interior y la Comisión de Libertades Civiles del Parlamento Europeo apruebe la normativa de inteligencia artificial, previsto para el 13 de febrero del 2024. Después de ello, tendrá que existir un acogimiento formal a través de un refrendo a nivel ministerial (BERTUZZI, 2024). Por eso, discutir o ahondar con detalle sobre esta norma todavía no es adecuado.

6.3.2. Chile

En materia de inteligencia artificial, Chile también ha realizado una serie de avances para regular esta tecnología; por ejemplo, el país cuenta actualmente con una Política Nacional de Inteligencia Artificial del 2021, pese que aún no existe una ley especial sobre dicha tecnología. No obstante, sería interesante ver cuáles, hasta el momento, han sido los proyectos que se han presentado para la regulación de la inteligencia artificial (WEIDENSLAUFER, 2023):

- Boletín N.° 15935-07 (15 de mayo del 2023): tiene por objeto modificar el Código Penal chileno, ello a fin de imponer sanciones por la utilización inadecuada de la inteligencia artificial. Lo que se desea es fijar determinados tipos penales de estafa, acciones delictivas que son cometidas con la ayuda de la inteligencia artificial, u otras tecnologías similares. Empero, el proyecto carece de una definición de lo que es la inteligencia artificial en los casos de estos delitos, y solamente equipara las acciones delictuosas a otras formas de delitos, como el de suplantación de identidad.
- Boletín N.° 15869-19 (24 de abril de 2023): su objetivo es que los sistemas de inteligencia artificial, la robótica y las tecnologías conexas, sean reguladas, independientemente del lugar en el que se apliquen. Tendría una misión de cobertura más amplia de la inteligencia artificial. Esta

propuesta normativa chilena, también define lo que es el Sistema de Inteligencia Artificial, y además acoge las categorías de riesgos de los sistemas de inteligencia artificial, propuestos en Europa (por ejemplo; riesgo inaceptable y alto riesgo). De igual manera, propone la creación de una Comisión Nacional de Inteligencia Artificial, y fija las obligaciones que le atañen a los diseñadores, distribuidores y clientes de sistemas de inteligencia artificial.

- Boletín N.º 16.021-07 (13 de junio de 2023): tiene por finalidad modificar el Código Penal chileno, con la meta de incluir la responsabilidad como criterio agravante cuando se comete un delito usando la inteligencia artificial.

Si bien estos proyectos legales son muy importantes, merece mención sustancial el referido Boletín N.º 15869-19, que tiene la finalidad de legislar los sistemas de inteligencia artificial, robótica y las tecnologías conexas. Lo previamente expresado es debido a que, para la estructura de esta potencial ley, se tomó como base la Política de Inteligencia Artificial de Chile del 2021, además de la reforma que se le hizo a la constitución chilena respecto a la incorporación del desarrollo científico y tecnológico, que tiene como prioridad servir a la ciudadanía. Por añadidura, es primordial destacar que la Comisión Nacional de Inteligencia Artificial, que estará a cargo de resolver las peticiones de consentimiento a presentarse por parte de los diseñadores, suministradores y clientes de sistemas de sistemas de inteligencia artificial, también tendrá como función redactar sugerencias con el fin de optimizar la reglamentación de los sistemas de inteligencia artificial (Thomson Reuters, 2023).

Bueno, a diferencia de su progreso en neuroderechos, el Estado chileno aún está debatiendo proyectos legales en inteligencia artificial. Ello puede ser entendible, sobre todo por el hecho de los incesantes avances tecnológicos, pero, sobre todo, consideramos, por la remisión normativa que se hace respecto a la inteligencia artificial. Debido a que, si bien puede existir una norma marco de esta tecnología, va a quedar que, en las distintas ramas del derecho, principalmente en sus normas especiales, se haga una adecuación por el uso de aquella.

6.3.3. Argentina

Al menos en Argentina, sobre inteligencia artificial, se ha presentado el Proyecto de Ley N.º 1983/2023, denominado Marco legal para la regulación del desarrollo y uso de la Inteligencia Artificial, el cual tiene la finalidad precisar el marco legislativo que debe tener el país con el propósito de investigar, desarrollar, emplear y regular la inteligencia artificial en la nación. Todo claramente con la meta de asegurar la protección de los derechos humanos, la privacidad de la ciudadanía y su seguridad, teniendo en cuenta también el fomento que debe existir en relación a la transparencia, la ética y la responsabilidad en el uso de dicha tecnología.

Si bien es cierto, el país argentino, en legislación, al menos con el proyecto de ley destacado, está dando pasos para regular la inteligencia artificial, en el tema de proyectos, acciones y políticas públicas, también se han visto adelantos por incorporar esta tecnología a nivel gubernamental.

Así pues, en los párrafos siguientes se hará un recuento de los progresos que se han hecho en materia de inteligencia artificial, según VERCELLI (2023):

- ArgenIA: este es el Plan Nacional de IA Gobierno de Argentina del año 2019. Tenía más la calidad de informe, donde se precisaba, de forma genérica, el tópico de las inteligencias artificiales, con motivo de contar con un esbozo de política pública. No obstante, el informe no fue de mayor relevancia.
- Centro Argentino Multidisciplinario de Inteligencia Artificial (CAMIA): este centro fue concebido a partir del Programa Multidisciplinario de Formación Básica en Datos e Inteligencia Artificial, el cual se creó con la finalidad de dar soporte al Consejo Económico y Social a fin de que se dé marcha a una serie de labores encaminadas al fomento de la inteligencia artificial. Lo que se deseaba en específico con el centro era lo siguiente: I) incentivar que los involucrados en la estructura de la inteligencia artificial tuviesen una mayor participación; II) desarrollar estrategias que tendiesen a determinar y enfocarse en las necesidades de entrenamiento, de estudios aplicados y de servicios a las organizaciones; III) fomentar que en el sector productivo existiese una transferencia tecnológica y; IV) asegurar que a nivel financiero el centro contase con una sostenibilidad que se dé a mediano y largo plazo.
- Pacto Global sobre Inteligencia Artificial (Global Partnership on Artificial Intelligence (GPAI)): este es un pacto al cual se adhirió el país de Argentina. El pacto fue diseñado para que diversos sectores, como el académico, el de la sociedad civil, el de los

organismos internacionales, entre otros, colaborasen y estableciesen una conciliación entre lo que es el aspecto teórico y práctico de la inteligencia artificial. El aludido pacto, de igual forma, pretende subvencionar estudios investigaciones y acciones que sean de aplicación a los objetivos primordiales del desarrollo de la inteligencia artificial, cuidando de proteger los derechos humanos, fomentando la inclusión y diversidad, y promoviendo la innovación y desarrollo monetario.

- Chatbot del Estado Nacional «TINA»: este proyecto fue propuesto por la Secretaría de Innovación Pública, sustentado en un programa de inteligencia artificial. Esta herramienta de inteligencia artificial es capaz de automatizar una serie de actividades creando una representación de una charla con el usuario en las plataformas web o aplicaciones de teléfonos inteligentes.

Cabe destacar, asimismo, que, según un estudio del Centro de Estudios Nacional de Inteligencia Artificial, se dejó saber que el país argentino era el que estaba primero en relación al incentivo público de la inteligencia artificial, la administración del proceso y la instauración de una moderna estructura institucional ante las transformaciones de los nuevos paradigmas tecnológicos. En la investigación, se hizo un contraste de cómo ha sido la respuesta de las autoridades de Latinoamérica y el Caribe en la elaboración de criterios óptimos, en el sector público y privado, sobre el empleo y diseño de aplicaciones que se realicen de la inteligencia artificial como instrumento que ayude al crecimiento del país e impida el aumento de las barreras socioeconómicas. Se resaltó, a la vez que, Argentina en la actualidad ha aprobado un par de normas: la actual edición de la Ley N.° 27.570, Ley de la Economía del Conocimiento, en donde la inteligencia artificial constituye una de sus actividades básicas y con gran incidencia; también está la Ley N.° 27614, Ley de financiamiento del sistema nacional de ciencia, tecnología e innovación, la cual concede un soporte a las habilidades en el espectro de la ciencia, esencial para el estudio sobre la inteligencia artificial y la ciencia de datos. Al mismo tiempo, en el sector de la Secretaría de Innovación Pública, se han dictado varios reglamentos y directrices para contar con una inteligencia artificial justa y ética en el Estado (Ministerio de Ciencia, Tecnología e innovación de Argentina, 2023).

6.3.4. Perú

En Perú, se elaboró la denominada Estrategia Nacional de Inteligencia Artificial (ENIA), que propone ejes, objetivos, acciones con motivo de investigar, desarrollar y adoptar la inteligencia artificial. Lo que se desea es que dicha estrategia apoye en la creación de soluciones frente a los problemas nacionales que se presenten, en base a la inteligencia artificial.

Al mismo tiempo, con la estrategia lo que se quiso es que a través de la inteligencia artificial se den nuevas oportunidades de desarrollo al país, con énfasis en los sectores productivos y servicios públicos, claro está alineados a las estrategias y políticas nacionales del Perú. De igual forma, la estrategia deseaba lo siguiente, en cuanto al desarrollo de la inteligencia artificial:

- Incentivar el desarrollo de profesionales que creen y adopten la inteligencia artificial en sus ámbitos de acción.

- Fomentar un estímulo a la productividad de distintos sectores económicos.
- Garantizar la interconectividad y transmisión de datos para un empleo oportuno, considerando las dimensiones éticas que aseguren que se respeten los derechos fundamentales de las personas.

La estrategia, igualmente, deseaba acercar a las universidades, de las diversas regiones, que tengan más trayectoria en el tema, así como acercar a las universidades e instituciones reconocidas mundialmente para desarrollar modelos de inteligencia artificial.

Para lograr una incorporación de la inteligencia artificial en los diversos sectores, este documento ha presentado una serie de ejes estratégicos, los cuales se pueden resumir en lo siguiente:

- Formación y atracción de talento: formación de profesionales competentes para la investigación, desarrollo y empleo de la inteligencia artificial en el Perú.
- Modelo económico: impulsar el desarrollo de la inteligencia artificial y su adopción como un instrumento que incentive el desarrollo, la innovación y bienestar del país.
- Infraestructura tecnológica: facilitar la elaboración y el reforzamiento de la infraestructura digital y de telecomunicaciones como soporte del desarrollo de la inteligencia artificial.
- Datos: facilitar el desarrollo de una infraestructura de datos, para colocar a disposición los datos públicos de alta calidad en un formato abierto, reutilizable y accesible.
- Ética: adoptar lineamientos éticos para un em-

pleo sostenible, transparente y replicable de la inteligencia artificial, ello a través de conceptos claros respecto a responsabilidades y de protección de datos.

- Colaboración: facilitar un ambiente de cooperación de inteligencia artificial a nivel local y mundial.

En relación al estado y perspectivas futuras de la inteligencia artificial en el Perú, según el documento Inteligencia artificial: desafíos y oportunidades para el Perú, concebido en el seno del CEPLAN, existen desafíos y oportunidades de la inteligencia artificial, aduciéndose que esta tecnología aún está en una fase intermedia de desarrollo en el Perú. Las razones de dicho estado de avance vienen sustentadas en lo siguiente:

- La inteligencia artificial todavía no ha sido explorada en su totalidad en cada una de las industrias y ámbitos.
- En los sectores industria, academia y Estado, existe una deficiencia de factores habilitantes de la tecnología, como lo pueden ser: (i) la infraestructura, (ii) la conectividad, (iii) una cultura sustentada en datos, y (iv) el acceso a datos abiertos de calidad. Ahora bien, si bien, la automatización no es igual que aplicar la inteligencia artificial, el comenzar a usar tales tecnologías abre paso a la digitalización, la colecta de datos más certeros, y, por tanto, la posibilidad de comenzar a emplear la inteligencia artificial.
- No existe una colaboración entre estos sectores para aprovechar la investigación y así optimizar la productividad y la innovación.

Hablando ya a nivel normativo, es de precisarse que, el Estado peruano, mediante la Política Nacional de Transformación Digital (Decreto Supremo N.° 085-2023-PCM), de alguna forma, comenzó la adopción y difusión de la inteligencia artificial con la puesta en consulta de la Estrategia Nacional de Inteligencia Artificial vista líneas arriba.

Asimismo, cabe destacarse también que, los avances descritos párrafos arriba, sobre la inteligencia artificial en el Perú, finalmente dieron sus frutos, puesto que el 5 de Julio del 2023, se publicó la Ley que promueve el uso de la inteligencia artificial en favor del desarrollo económico y social del país (Ley N.° 31814).

Aunque la norma es escueta, lo que puede destacarse de esta, en primer término, son los seis principios en los que se ha basado, que en resumida cuenta son los siguientes:

- Parámetros de seguridad con un enfoque en riesgos: se consideran los parámetros orientados a los riesgos o peligros que existen respecto al uso y desarrollo de la inteligencia artificial.
- Orientación hacia la diversidad de participantes: en el desarrollo y uso de la inteligencia artificial, se debe considerar la intervención de distintos actores como las organizaciones, miembros de la sociedad civil, entre otros, a fin de problematizar respecto a la elaboración de políticas sobre la regulación del empleo de la inteligencia artificial en el Perú.
- Gobernanza de internet: fomento de la creación y establecimiento de principios, leyes, estándares y procedimientos que ayuden al Estado, miembros de la sociedad civil e instituciones privadas a tomar decisiones relacionadas a la utilización y desarrollo del internet.

- Sociedad digital: especial valoración a los componentes que faciliten el accesos, empleo y desarrollo de las tecnologías digitales; impulsando el conocimiento de aspectos vinculados a la seguridad, confianza, economía digital, conectividad, talento, innovación, educación e identidad digital. Se debe colocar énfasis en las tecnologías en desarrollo que beneficien a la sociedad.
- Énfasis en la ética para desarrollar una inteligencia artificial responsable: es necesario que el uso de los sistemas de inteligencia artificial se fundamente en la ética, y así se puedan fijar responsabilidades.
- Consideración de la privacidad en el uso de la inteligencia artificial: el uso de la inteligencia artificial debe tomar en cuenta la privacidad de las personas, solo así tendrá una influencia positiva en la vida de la población.

Finalmente, esta norma ha detallado que, la Secretaría de Gobierno y Transformación Digital, estará a cargo de la dirección, análisis y control del empleo y desarrollo de la inteligencia artificial y de las tecnologías emergentes.

Entonces, puede aplaudirse que, hasta el momento, el Perú, ha tenido un avance destacado, aunque con una norma escueta, ya quedará ver cuánto de esa norma se perfecciona, y si es que se desarrolla un lenguaje común de lo que se entiende por inteligencia artificial; para que sirva de aplicación tanto para el sector público como privado, contemplando además los futuros sistemas de esta tecnología.

7

INTELIGENCIA ARTIFICIAL Y SUS IMPLICANCIAS EN LA PROTECCIÓN DE LOS NEURODERECHOS

La inteligencia artificial, desde su aparición en el mundo, ha sido aplicada a distintos sectores de la sociedad, siendo además que, de forma constante, salen nuevas modalidades y formas de aplicarla. Por ejemplo, el fundamento de la inteligencia artificial moderna lo constituyen las redes neuronales. Y, en cuanto a las interfaces cerebro computador, se ha visto que igualmente se despliegan con inteligencia artificial, pues emplean una serie de algoritmos que reconocen el acto que se va a llevar a cabo. Lo anterior viene a ser como el caso del procesador de textos que se completa automáticamente, permitiendo predecir las palabras al momento de escribir; puesto que, dichos algoritmos descifran cuál es la finalidad de la acción que se va a ejecutar, y la realizan (YUSTE, 2019, como se citó en ALBA, 2022).

Por ello, el continuo desarrollo de tal tecnología ha tenido un impacto en cómo la gente se expresa, piensa y actúa, arriesgándose el libre albedrío y limitándolo. Un caso que ejemplifica lo citado es el de la compañía Cambridge Analítica, en las elecciones estadounidenses del año 2016, donde salió vencedor el ex presidente Donald Trump. Adicionalmente, se tiene el caso de las constantes noticias falsas, o los robots que son influencers[6]. Lo relatado no es más que una muestra de la influencia que ha estado teniendo el uso de la inteligencia artificial sobre los derechos de las personas, lo cual, por supuesto, tendría que generar una preocupación en la sociedad, y así entender cuáles son los potenciales peligros de su utilización sin estándares (BIURRUN, 2022).

Con lo visto en el párrafo anterior, puede expresarse categóricamente que, no es ninguna idea errónea que la inteligencia artificial tiene la capacidad de intervenir en los quehaceres de las personas manipulando la actividad del cerebro humano. Y, puede agregarse a ello que, mientras más se desarrollan nuevas tecnologías, irán surgiendo otros proyectos que tendrían como meta primordial lo siguiente: a) descubrir el funcionamiento del cerebro, b) comprender el proceso formativo de los pensamientos, y c) cómo es que los pensamientos se materializan de forma verbal y escrita. Siendo que, como ya se sabe, ha sido la neurociencia la que ha permitido estudiar dichos procesos, al investigar sobre cómo funciona el cerebro, permitiendo elabora tecnologías relacionadas a interfaces cerebro-ordenador (Brain-Computer Interfaces, BCI en inglés) (GONZÁLEZ, 2022).

Entonces, hasta este punto, no se puede olvidar que, cuando surgió la aplicación de la neurociencia

6 Dícese de las personas que, de cierta manera, han sobresalido en las plataformas digitales, particularmente en las variadas redes sociales, que pueden ser TikTok o Instagram, o en plataformas como YouTube.

y las neurotecnologías, lo que se buscaba principalmente con ellas era el tratamiento de enfermedades degenerativas. No obstante, los usos de estas tecnologías, con la ayuda de la inteligencia artificial, están teniendo más un carácter de morbo y ensañamiento por manipular al ser humano. Asimismo, podría inferirse que, o los gigantes tecnológicos lo que buscarían sería crear super humanos (no se sabe si para algo bueno), o tal vez solo están buscando cómo manipularlos, y así hacer que estos sientan, piensen y actúen en respaldo a sus conveniencias. Por tanto, si no existe una regulación precisa, tal vez, para cuando se quiera averiguar el motivo, sea demasiado tarde.

En este tema de lo poderosa que puede ser la influencia de la inteligencia artificial en el cerebro de los seres humanos que, están de acuerdo muchas personas. Así, se tiene que, uno de los senadores de Chile, expresó que, tal herramienta tecnológica podía ser capaz de compartir cerebro a cerebro las ideas o sentimientos de las personas, así como que podría ayudar a que se lleve a cabo la conexión a un cerebro planetario global. Obviamente, también se destacó por parte de esta autoridad que, de nada valdría regular esta tecnología si es que tal regulación no se acompaña de criterios éticos, a fin de evitarse que la humanidad corra riesgos; debido a que, mediante el Big Data, por ejemplo, es posible adelantarse a saber cómo serán las decisiones de las personas e intuir sus emociones (Senado de Chile, 2019).

Con todo lo recopilado, no hay espacio o ámbito en el que la inteligencia artificial no tenga una implicancia. Lo que empezó como ayuda a los usuarios de internet para realizar tareas básicas, se ha convertido en una de las más grandes amenazas de la sociedad. No hay un solo día en el que no se vean imágenes falsas creadas con inteligencia artificial, trampas cometidas por estudiantes y profesionales al redactar, vulneraciones a los derechos de autor, etc. Y como no existen normas que regulen tales situaciones, adecuadamente, ya hasta hay proyectos que han comenzado operaciones que invaden la privacidad de la actividad cerebral.

Una clara muestra de la necesidad de la regulación de estos neuroderechos, en el marco del uso de la inteligencia artificial, y tal vez, el caso que más estén conociendo los internautas es el de NEURALINK, proyecto del empresario Elon Musk (proyecto relacionado al estimulo cerebral), que espera desarrollar una interfaz bidireccional para estimular ciertas regiones del cerebro para obtener y guardar datos cerebrales para su utilización. Adicionalmente, en los otros proyectos que pretenden manipular la actividad cerebral de las personas, se está haciendo uso conjunto de la inteligencia artificial y el Big Data, lo que tendría un gran impacto en las actividades de los seres humanos, porque se hará que los dispositivos electrónicos se empleen desde el cerebro; llegándose a averiguar el verdadero sentir de las personas, o hasta disuadirlas para que ejecuten ciertas acciones mediante la introducción, en el cerebro, de determinadas ideas (lo anterior, es catalogado como el Internet de los Cuerpos - Internet of Bodies, IoB, en inglés). Aquello no únicamente impactaría negativamente en el derecho a la privacidad, sino que transformaría radicalmente las características personales de los seres humanos (consciencia) (Rojas, 2023).

Ahora sobre los objetivos del proyecto NEURALINK, que implicaría el uso de la inteligencia artificial para impactar en los neuroderechos, estos son:

i) examinar si el implante es seguro de usar en las personas, ii) verificar las habilidades del robot quirúrgico, y finalmente, iii) estimar si el chip implantado en el cerebro de las personas funciona, iv) y ver si es que las personas a las que se le haya insertado el dispositivo tienen la capacidad de controlar dicho chip únicamente con su pensamiento. A las personas bajo esta investigación solo se les colocará, mediante cirugía ejecutada por un robot, una serie de hilos ultrafinos y manejables pertenecientes al implante, ello se insertará en la parte del cerebro encargada de manejar la intencionalidad del movimiento. Es así que, el implante, no perceptible ante la vista, será el encargado llevar a cabo el registro y transferencia de las señales que emita el cerebro hacia una aplicación que descifrará las intenciones de las personas (TERÁN, 2023).

Sobre este tema, y aprovechando la circunstancia de que no hay regulación al respecto, a finales de enero del 2024, se dio a conocer que ya se le había colocado el mencionado implante a una persona. Ahora solo quedaría ver cuál es el resultado, aunque se espera que tanto los resultados positivos como los negativos sean comunicados. También quedará ver si después de su primera aplicación, seguirán llevándose a cabo más proyectos de esta naturaleza, y si es que se tendrán regulaciones sólidas en esta materia.

7.1. Los datos del cerebro y la aplicación de la inteligencia artificial

Como se vio en el apartado anterior, la influencia que la inteligencia artificial está teniendo en los datos del cerebro, lleva a saber qué sienten y piensan las personas, e incluso afectar su capacidad de decisión. Así, por ejemplo, Muñoz (2021), también ha advertido respecto al sincretismo existente entre inteligencia artificial y el Internet de las Cosas[7] (Internet of Things, IoT, en inglés); lo que puede involucrar el manejo de un auto, incluso el uso de procedimientos quirúrgicos con consecuencias neurológicas, además del poder realizar tratamiento para aliviar los dolores, administrar una prótesis, y hasta brindar órdenes al exosqueleto. Pero, lo peligroso de aquello es, otra vez, sus implicancias en la vulneración de derecho a la privacidad, en este caso el de los pensamientos. Y es que, hoy en día estas tecnologías son capaces de tener acceso a los datos cerebrales de las personas y averiguar qué es lo que estas piensan. Además de existir la opción de que, con las neurotecnologías, los humanos puedan aumentar sus habilidades a través de la incorporación de implantes cerebrales.

Puede, del mismo modo, señalarse que, a pesar de que los expertos en el campo médico y científico se encuentran realizando investigaciones a fin de comprender la estructura del cerebro de las personas, se está usando a la inteligencia artificial para hackearlo. Es más, en la actualidad hay varios sistemas de inteligencia artificial que permiten llevar a cabo tratamientos relacionados a la depresión, o softwares de aprendizaje automático que permiten distinguir cuáles son las variaciones que enfrenta

7 Definida como una arquitectura en desarrollo sustentada en la internet a nivel mundial, haciendo más sencillo la compra y venta de productos y servicios que se da en las redes de la cadena de abastecimiento. Cuenta además con una influencia crucial en la protección y privacidad de los sujetos participantes.

el cerebro que provocan enfermedades como el Alzheimer (OLIVEIRA, 2018).

Muchas personas se preguntarán: ¿Cómo es posible que los datos cerebrales puedan ser hackeados por la inteligencia artificial? Pues bien, la respuesta se encuentra en que las plataformas digitales están comenzando a saber de nosotros de forma acertada. Estas tienen noción de qué cosas preferimos, qué necesitamos, y si es que hemos modificado lo que nos gusta. Actualmente se ve que, tanto la inteligencia artificial y el Big Data son capaces de procesar adecuadamente los datos. Esto no termina únicamente en el almacenamiento de la información, sino que, además, se encargan de interpretarla y analizarla, para que después construyan simulaciones fundamentadas en modelos predictivos y patrones de comportamiento que examinan y conducen las necesidades humanas (ENTELGY, 2020).

7.2. Algoritmos, sesgos y neuroderechos

El impacto de los algoritmos en los neuroderechos es un caso muy importante que también debe ser tratado, como lo ha demostrado un estudio difundido en la revista Nature Neuroscience, donde se hace alusión al probable desciframiento de la actividad del cerebro. Ello ha llevado a cuestionarse lo siguiente: ¿Existen acaso máquinas capaces de leer la mente humana? o ¿Es posible que un escáner cerebral traduzca los pensamientos de las personas en palabras? A pesar de que aún no hay una respuesta concreta a ello, el que un dispositivo parecido al ChatGPT pueda existir, ha generado una cierta preocupación. Más controversias existen, como lo es con el caso de Rita Legget, quien tuvo un dispositivo conectado a su cerebro, pero le fue extirpado sin su autorización, surgiendo la interrogante de si se habría ido en contra de sus neuroderechos; puesto a que, sin tal artefacto su vida claramente iba a ser otra a la que tuvo por medio del estímulo que recibió su cerebro (Benítez, 2023).

Así pues, cabe mencionarse que, entre el abordaje de la regulación de los neuroderechos, la doctrina ha postulado que debería de incluirse la ausencia de los sesgos algorítmicos, los que justamente vulnerarían el libre albedrío de las personas para pensar, actuar y decidir. Por ello, de acuerdo a Fernández (2022), lo que estaría pendiente de discusión, para una mayor protección de los datos cerebrales, sería el planteamiento de una correcta garantía para evitar los sesgos algorítmicos que los sistemas automatizados son capaces de producir. Por lo que, sería esencial que las autoridades de los Estados consideren la regulación de tales sesgos a nivel gubernamental, con la meta de que exista una institucionalidad que, de la mano de la normativa de neuroderechos, otorgue una adecuada protección frente a los sesgos de los algoritmos. Aunado a ello, debe existir una auditoría respecto al uso de los algoritmos, a fin de que haya transparencia sobre su empleo, vinculado únicamente a las variables usadas para generar los algoritmos que produzcan algún sesgo.

Lo anterior es importante, puesto que también permite resaltar que, debido a que el campo de aplicación de la inteligencia artificial es muy amplio, también puede encontrar cabida el uso de la psicometría, y para entender el motivo por el cual su aplicación puede suponer uno de los riesgos que presenta la inteligencia artificial en los neuroderechos, particularmente en el desarrollo de los sesgos algorítmicos, es relevante considerar lo planteado por Beltrán de Heredia Ruíz (2022), quien, en primer término, refería que la psicometría es un procedimiento fundamentado en datos que proporcionan un perfil de personalidad. Lo trascedente de los perfiles obtenidos con dicha técnica es que, ayudan a establecer predicciones de la conducta humana. Aquello es más preocupante con el sudo de los teléfonos inteligentes; ya que pueden fungir de vigilantes del usuario, haciéndolo dispositivo de registro de datos psicométricos[8].

En adición a lo expuesto, el mismo autor precisó que existen tres motivos por los que los procedimientos de la psicometría sirven para calcular a detalle el actuar humano, y que, por tanto, con el uso de la inteligencia artificial representa un peligro:

1. Con este procedimiento se recoge información para desarrollar un microtargeting9 totalmente preciso. Por ello, muchas organizaciones están buscando obtener el psicograma10 de las personas. Lo preocupante también viene por el hecho de que varios expertos están usando algoritmos

8 Son datos obtenidos a partir de los exámenes psicométricos, los cuales abarcan una serie de pruebas relacionadas a las habilidades psíquicas de las personas, el resultado final de tales pruebas se expresa en números.

9 Permite que mediante el uso de grandes cantidades de datos se puedan crear perfiles para cierto público y, de esa forma, efectuar predicciones de las conductas y, por tanto, hacer publicidades más adecuadas.

10 Tiene que ver con una representación visual que sintetiza, explica o examina información de carácter psicológica.

con la finalidad de examinar escáneres cerebrales, para así localizar las huellas dactilares neurales de las emociones y lograr descifrar la actividad neural del pensamiento.

2. El incremento de las tecnologías, invadiendo la privacidad, puede disminuir las aptitudes de razonamiento humano. El riesgo evidente es que los procedimientos de la psicometría tengan el objetivo de moldear la conducta humana.
3. El desarrollo de los procedimientos de la psicometría puede interferir en la autonomía humana, y decidir cómo deben actuar las personas.

Es justamente que, como ya se dejaba ver que, teniendo en cuenta la influencia de los sesgos algorítmicos de la inteligencia artificial en los neuroderechos, es que uno de los neuroderechos a regular es el de la protección que debe existir frente a tales sesgos en la neurociencia, y para poner en contexto lo descrito, lo pertinente será ver tres casos particulares al respecto (Muñoz, 2022):

- Las decisiones clínicas: los sesgos algorítmicos de la inteligencia artificial han hecho que, en el sistema de salud estadounidense, se use un inadecuado tratamiento (más económico) para las enfermedades de pacientes afroamericanos de los Estados unidos, ello a pesar de que sus enfermedades eran las mismas que otros pacientes de distintos grupos étnicos.

  La relación de aquellos sesgos con los neuroderechos se encuentra en el hecho de que, los pacientes que padecían de alguna afección neurológica o psiquiátrica, por el tratamiento inadecuado que recibieron, fueron afectados a nivel de su sanidad mental o cerebral.

- La evaluación de las imágenes del cerebro: la recolección, restablecimiento y examen de las imágenes cerebrales es un procedimiento complicado.

  En este caso, la función de los algoritmos, como los de aprendizaje automático, en la evaluación de las imágenes cerebrales es clave, no obstante, hay riesgo de que se inmiscuya, aunque sin intención, algún sesgo; lo cual perjudicaría el resultado de la evaluación de las imágenes cerebrales y afectar así a ciertos sectores en vulnerabilidad.

- La incorporación de los resultados obtenidos de las neuroimágenes en algoritmos predictivos frente a los peligros criminales: aquí se encuentra la denominada neuro predicción, que implica que, dependiendo del nivel en el que ciertas áreas del cerebro estén activadas (corteza prefrontal o la amígdala), se podrá saber si es que existe algún peligro de reincidencia o comisión de acciones delictuosas.

Ya culminando esta sección, cabe decir que, está más que claro que la aparición de la inteligencia artificial, si bien ha tenido un impacto positivo en muchos aspectos, también ha tenido un impacto negativo, particularmente en el ámbito de los derechos humanos; ocasionando un daño inmediato hacia los derechos de las personas, como los de la libertad de decidir, pensar y actuar. También ha incrementado los factores de discriminación como los raciales o de género. Pues debe saberse que, cada movimiento de las personas, sea estando conectadas o no al internet, muta constantemente en datos que sufren injerencia por parte de los algoritmos, y que influyen en las decisiones de la ciudadanía. Lo previamente puesto que los algoritmos, no necesariamente poseen un patrón de objetividad, sino que se basan, generalmente, en las necesidades especiales de las personas, los cuales van orientando a la vez cómo se desenvuelven las personas cotidianamente (ALBA SUD, 2022).

Siendo ello así, lo que urge es que los legisladores, de la mano de los expertos tecnológicos, y científicos de la medicina, en los varios Estados, se reúnan y debatan los principales aspectos que debe de tener la regulación de los neuroderechos, las neurotecnologías y la inteligencia artificial. Hacer esperar este procedimiento, es dar cabida a que inescrupulosamente se sigan elaborando cada vez más este tipo de tecnologías a sabiendas de que no existen límites en su aplicación. La alta de límites que traerán como consecuencia la afectación de los derechos de la mente de las personas.

8

CONCLUSIONES

- El desarrollo de la neurociencia y neurotecnologías, han llevado a que al cerebro humano se le introduzcan una serie de instrumentos tecnológicos que tienen la capacidad de saber qué alberga la mente humana, sus signos vitales, y hasta las futuras acciones que efectuarán las personas.
- Lo preocupante del asunto es que, muchas organizaciones tecnológicas, durante este tiempo, han estado buscando acceder a los datos cerebrales de las personas indiscriminadamente, vulnerando el derecho a la protección de datos personales o el derecho a la privacidad.
- Desde la ética y el derecho, lo que se necesita es establecer límites y parámetros del uso de las neurotecnologías para cuidar la dignidad e integridad personal (física o mental). El cuerpo, y en particular el cerebro las personas, no puede ser laboratorios. Por esa razón, los Estados deben de fijar regulaciones en neurotecnologías y así proteger energéticamente al cerebro humano y su actividad.
- El uso de las neurotecnologías, aparejado al empleo de la inteligencia artificial, ha iniciado el debate por la regulación de los neuroderechos. Lo que quiere proteger es la información que el cerebro contiene y produce, (neurodatos). Por ello,

hay un consenso común de proteger cinco derechos en particular, los cuales son; el derecho a conservar la identidad personal, derecho a no interferir en la libre toma de decisiones, derecho a que los datos neuronales cuenten con el componente de privacidad, derecho a que la optimización de la aptitud cerebral se realice de forma equitativa y derecho a que las personas puedan estar protegidas ante los sesgos algorítmicos. Ello porque, con el uso de las neurotecnologías e inteligencia artificial, se podría manipular la forma en la que las personas sienten, piensan y actúan.

- De igual modo, y como ya se ha notado en algunos Estados, es imprescindible que se regule la inteligencia artificial, con un marco común; debido que, a través de ella, y de sus algoritmos, también se está invadiendo la privacidad de la mente humana, puesto que; se está analizando e interpretando lo que sienten o piensan las personas, mediante los modelos predictivos y patrones de comportamiento, que analizan y conducen las necesidades de las personas.

9
REFERENCIAS

11481/20. Conclusiones de la Presidencia sobre la Carta de los Derechos Fundamentales en el contexto de la inteligencia artificial y el cambio digital. 21 de octubre de 2020. Consejo de la Unión Europea.

2021/0106(COD). Propuesta de Reglamento del Parlamento Europeo y del Consejo por el que se establecen normas armonizadas en materia de inteligencia artificial (Ley de inteligencia artificial) y se modifican determinados actos legislativos de la unión. 21 de abril de 2021. Comisión Europea.

Access Now. (December 14th, 2023). «Human rights protections...with exceptions: what's (not) in the EU's AI Act deal». https://www.accessnow.org/whats-not-in-the-eu-ai-act-deal/

Agencia Española de Protección de Datos. (17 de noviembre de 2022). «Neurodatos y neurotecnología: privacidad y protección de datos personales». https://www.aepd.es/prensa-y-comunicacion/blog/neurodatos-y-neurotecnologia-privacidad-y-proteccion-de-datos-personales

Agencia Española de Protección de Datos. (2021). IoT (II): «Del Internet de las Cosas al Internet de los Cuerpos». https://www.aepd.es/

prensa-y-comunicacion/blog/iot-ii-del-iot-al-iob#:~:text=Se%20puede%20definir%20conceptualmente%20el,del%20sue%C3%B1o%2C%20actividad%20deportiva%20o

Agenda Digital para Europa. Mayo de 2010. Comisión Europea.

Alba Sud. (10 de marzo de 2022). «Inteligencia Artificial y Neurotecnologías: nuevos retos para los Derechos Humanos y el Turismo Responsable». https://www.albasud.org/noticia/es/1434/inteligencia-artificial-y-neurotecnologias-nuevos-retos-para-los-derechos-humanos-y-el-turismo-responsable

Alba, J. (2022). *Neuroderechos: la protección de la actividad cerebral y la información proveniente de ella frente al uso de las neurotecnologías: breve descripción del estado del arte y análisis del avance del Estado de Chile en la materia* [Artículo académico de Maestría, Universidad Pontificia Comillas]. https://repositorio.uft.cl/items/8ec4ef8e-603e-4dd8-b344-9e381a23ab65

Álvarez, J., **Macías, J.**, **Medina, M.**, y **Romay, F.** (2022). *Neuroética, neuroderecho e inteligencia artificial*. Instituto de Investigaciones Jurídicas UNAM.

Amazon Web Services. (s.f.). «¿Qué es una red neuronal?» https://aws.amazon.com/es/what-is/neural-network/

Ámbito Jurídico. (28 de setiembre de 2023). «¿Se deben proteger los neuroderechos por los riesgos que trae la tecnología?» https://www.ambitojuridico.com/noticias/informe/se-deben-proteger-los-neuroderechos-por-los-riesgos-que-trae-la-tecnologia

Andorno, R. (2023). *Neurotecnologías y derechos humanos en américa latina y el caribe: desafíos y propuestas de política pública*, UNESCO, https://unesdoc.unesco.org/ark:/48223/pf0000387079

Arbeláez, D., **Villasmil, J.**, y **Rojas, M.** (2021). «Inteligencia artificial y condición humana: ¿Entidades contrapuestas o fuerzas complementarias?» *Revista de Ciencias Sociales*, 27(2), 502-513. https://www.redalyc.org/journal/280/28066593034/

Ausín, T., **Morte, R.**, y **Monasterio, A.** (2020). «Neuroderechos: Derechos humanos para las neurotecnologías». *Diario La Ley*, 43, 1-7. https://diariolaley.laleynext.es/Content/Documento.aspx?params=H4sIAAAAAAAEAMtMSbF1CTEAAmNDc0MDE7Wy1KLizPw8WyMDIwNDAwMLtbz8INQQF2fb0ryU1LTMvNQUkJLMtEqX_OSQyoJU27TEnOJUtdSk_PxsFJPiYSYAAHCybs5jAAAAWKE

Ayuda, F. (2019). «¿Inteligencia Artificial y Derecho? Sí, pero ¿cómo?» *Revista Democracia Digital e Governo Eletrônico*, 2(18), 36-57. https://core.ac.uk/download/pdf/289998412.pdf

Azuaje, M. (2022). *La regulación de los neuroderechos y humanismo: la experiencia pionera de Chile*. https://n9.cl/s2xc7w

Baquero, J. (2023). «Cuestiones éticas sobre la implantación de la inteligencia artificial en la administración pública». *Revista Canaria de Administración Pública*, (1), 243–282. https://doi.org/10.36151/RCAP.2023.8

Baquero, P. (2023). «Cuestiones éticas sobre la implantación de la inteligencia artificial en la administración pública». *Revista Canaria De Administración Pública*, (1), 243–282. https://doi.org/10.36151/RCAP.2023.8

Barrera, M., y **Calderón, L.** (2015). «Neurotecnologías: la necesidad de un compromiso ético en su implementación». *CES Psicología*, 8(2). https://revistas.ces.edu.co/index.php/psicologia/article/view/3573

Bastidas, Y. (2022). «Neurotecnología: Interfaz cerebro-computador y protección de datos cerebrales o neurodatos en el contexto del tratamiento de datos personales en la Unión Europea». *Informática y Derecho. Revista Iberoamericana De Derecho Informático* (2.ª época), 11. 101-176. https://revistas.fcu.edu.uy/index.php/informaticayderecho/article/view/3049

Beltrán De Heredia Ruíz, I. (2022). «Algoritmos, psicometría y derechos del yo inconsciente de la persona en el ámbito socio-laboral». *Revista Derecho social y empresa*, (18), 1-41.

https://dialnet.unirioja.es/servlet/articulo?codigo=9055751

Benítez, E. (13 de julio de 2023). «Neuroderechos: el debate de nuestro tiempo»., *TELOS* https://telos.fundaciontelefonica.com/neuroderechos-el-debate-de-nuestro-tiempo/

Bertuzzi, L. (February 2nd, 2024). «EU countries give crucial nod to first-of-a-kind Artificial Intelligence law», *EURACTIV*, https://www.euractiv.com/section/artificial-intelligence/news/eu-countries-give-crucial-nod-to-first-of-a-kind-artificial-intelligence-law/

Biurrun, F. (26 de mayo de 2022). «La necesaria protección de los neuroderechos ante el avance de la inteligencia artificial», *Legal Today*, N.° 985, https://www.legaltoday.com/revista-aja/985/articulos/29/index.html

Boletín N.° 13.828-19. Proyecto de ley sobre protección de los neuroderechos y la integridad mental, y el desarrollo de la investigación y las neurotecnologías. 7 de octubre de 2020. Cámara de Diputados y Diputadas de Chile.

Boletín N.° 15869-19. Regula los sistemas de inteligencia artificial, la robótica y las tecnologías conexas, en sus distintos ámbitos de aplicación. 24 de abril de 2023. Cámara de Diputados y Diputadas de Chile.

Boletín N.° 15935-07. Modifica el Código Penal para sancionar el mal uso de la inteligencia artificial. 15 de mayo de 2023. Cámara de Diputados y Diputadas de Chile.

Boletín N.° 16021-07. Modifica el Código Penal, para incorporar, como circunstancia agravante de la responsabilidad, el uso de inteligencia artificial en la comisión de un delito. 13 de junio de 2023. Cámara de Diputados y Diputadas de Chile.

Boletín N.° 13827-19. Modifica el artículo 19, número 1.°, de la Carta Fundamental, para proteger la integridad y la indemnidad mental con relación al avance de las neurotecnologías. 7 de octubre de 2020. Cámara de Diputados y Diputadas de Chile.

Cáceres, E., y **López, C. P.** (2022). «El neuroderecho como un nuevo ámbito de protección de los derechos humanos». *Cuestiones Constitucionales. Revista Mexicana de Derecho Constitucional*, 1(46), 65–92. https://doi.org/10.22201/iij.24484881e.2022.46.17048

Cárdena, R. (2017). «Neurociencia y derecho: problemas y posibilidades para el quehacer jurídico». *BIOETHICS UPdate*, 3(2), 82-106. https://doi.org/10.1016/j.bioet.2016.12.001.

Cárdenas, A. (2016). «Neurociencia y derecho: problemas y posibilidades para el quehacer jurídico». *BIOETHICS UPdate*. http://dx.doi.org/10.1016/j.bioet.2016.12.001

Carta de Derechos Digitales de España. 21 de julio de 2021. Ministerio de Transformación Digital.

CJI/DEC. 01 (XCIX-O/21). Declaración del Comité Jurídico Interamericano sobre Neurociencia, neurotecnologías y derechos humanos: nuevos desafíos jurídicos para las américas. 2 – 11 agosto de 2021. Comité Jurídico Interamericano - OEA.

CJI/RES. 281 (CII-O/23) corr.1. Declaración de principios interamericanos en materia de neurociencias, neurotecnologías y derechos humanos. 6 – 10 de marzo, 2023. Comité Jurídico Interamericano - OEA.

COM (2021) 118 final. Comunicación de la Comisión al Parlamento Europeo, al Consejo, al Comité Económico y Social Europeo y al Comité de las Regiones: Brújula Digital 2030: el enfoque de Europa para el Decenio Digital. 9 de marzo de 2021. Comisión Europea.

Comité Asesor del Consejo de Derechos Humanos. (2023). *Cuestionario sobre «neurotecnología y derechos humanos»*, Oficina de Derechos Humanos de las Naciones Unidas, https://www.ohchr.org/sites/default/files/documents/hrbodies/hrcouncil/advisorycommittee/neurotechnology/04-academia/ac-submission-academia-grupo-gaind.pdf

Comité Jurídico Interamericano. (2021). *Declaración del Comité Jurídico Interamericano sobre Neu-rociencia, Neurotecnologías y Derechos Humanos: Nuevos Desafíos Jurídicos para las Américas*, OEA, https://www.oas.org/es/sla/cji/temario_actual_Desarrollo_estandares_internacionales_neuro dere-chos.asp.

Comité Jurídico Interamericano. (2023). *Declaración de principios interamericanos en materia de neurociencias, neurotecnologías y derechos humanos*, CJI/RES. 281 (CII-O/23) corr.1., OEA, https://www.oas.org/es/sla/cji/docs/CJI-RES_281_CII-O-23_corr1_ESP.pdf

Configurar el futuro digital de Europa. 19 de febrero de 2020. Comisión Europea.

Consejo de la Unión Europea (9 de diciembre de 2023). «Reglamento de Inteligencia Artificial: el Consejo y el Parlamento alcanzan un acuerdo sobre las primeras normas del mundo en materia de inteligencia artificial». https://www.consilium.europa.eu/es/press/press-releases/2023/12/09/artificial-intelligence-act-council-and-parliament-strike-a-deal-on-the-first-worldwide-rules-for-ai/

Convención Americana sobre Derechos Humanos. 22 de noviembre de 1969. Secretaría General de la Organización de Estados Americanos.

Cornejo, I. (2023). «Chilean neurorights legislation and its relevance for mental health: Criticisms and outlook». *Salud Mental*, 46(5), 269-274. https://doi.org/10.17711/SM.0185-3325.2023.034

Cornejo, M. (1 de febrero de 2023). «Neuroderechos en Chile: consagración constitucional y regulación de las neurotecnologías», *Somos Iberoamérica*, https://www.somosiberoamerica.org/tribunas/neuroderechos-en-chile-consagracion-constitucional-y-regulacion-de-las-neurotecnologias/

CORRAL, D. (2023). «La última frontera, el cerebro», *Instituto Español de Estudios Avanzados*, https://www.ieee.es/en/Galerias/fichero/docs_opinion/2023/DIEEEO79_2023_DAVCOR__Cerebro.pdf

DE ASÍS, R. (2022). «Sobre la propuesta de los neuroderechos». *DERECHOS Y LIBERTADES: Revista de Filosofía Del Derecho y Derechos Humanos*, (47), 51-70. https://doi.org/10.20318/dyl.2022.6873

Decreto Supremo N.° 003-2013-JUS. Reglamento de la Ley N.° 29733, Ley de Protección de Datos Personales. 22 de marzo de 2013. Diario Oficial El Peruano.

Decreto Supremo N.° 085-2023-PCM. Política Nacional de Transformación Digital. 28 de julio de 2023. Diario Oficial El Peruano.

DEL CASTILLO, L. (2022). «Neurociencia, Inteligencia Artificial y Neuro-Derechos». En J.C. FERRERI, *Inteligencia artificial: algunos aspectos de su impacto*, (pp. 7-17). Academia Nacional de Ciencias de Buenos Aires. https://www.ciencias.org.ar/user/CETI/Compilado%20CETI%20final.pdf

DÍAZ, L. (2021). «Los neuroderechos: cuando la tecnología manipula el cerebro». *Noticias CIELO*, (11), 1-3. https://www.cielolaboral.com/wp-content/uploads/2021/11/2021_noticias_cielo_diaz.pdf

Díaz, V. (2022). *Neurodatos y los retos que impone su tratamiento* [Diapositiva PowerPoint]. https://www.aseqroo.mx/files/UTAIPPDP/capacitacion/2022/Neurodatos%20y%20los%20retos%20que%20impone%20su%20tratamiento.pdf

Directrices éticas para una IA fiable. 2019. Comisión Europea, Dirección General de Redes de Comunicación, Contenido y Tecnologías.

Estrategia Nacional de Inteligencia Artificial (ENIA). 18 de mayo de 2021. Presidencia del Consejo de Ministros.

Estrategia para el Mercado Único Digital. Mayo de 2015. Comisión Europea.

Europapress. (24 de febrero de 2023). «España impulsará los neuroderechos cuando asuma la Presidencia rotatoria de la UE». https://www.europapress.es/eseuropa/noticia-ue-espana-impulsara-neuroderechos-cuando-asuma-presidencia-rotatoria-ue-20230224172324.html

Fernández, J. (2022). *Sesgos algorítmicos, ¿el neuroderecho faltante en la ley chilena?* [Tesis - Actividad Formativa Equivalente de Maestría, Universidad de Chile]. https://repositorio.uchile.cl/bitstream/handle/2250/194641/Tesis%20-%20%20Jos%C3%A9%20Fern%C3%A1ndez.pdf?sequence=1

Fundación Innovación Bankinter. (19 de octubre de 2023). «La convergencia de la inteligencia artificial y la neurociencia: visiones del futuro». https://www.fundacionbankinter.org/noticias/neurociencia/?_adin=11551547647

Galceran, M. (2023). «Inteligencia artificial y ciudades: la carrera global hacia la regulación de los algoritmos», *CIBOB*, https://www.cidob.org/es/publicaciones/serie_de_publicacion/notes_internacionals_cidob/286/inteligencia_artificial_y_ciudades_la_carrera_global_hacia_la_regulacion_de_los_algoritmos

García, S. (2021). «Una aproximación a la futura regulación de la inteligencia artificial en la Unión Europea». *Revista De Estudios Europeos*, (79), 304–323. https://doi.org/10.24197/ree.79.2022.304-323

González, M. (20 de mayo de 2022). «El impacto de la Inteligencia Artificial en la libertad de expresión y de pensamiento. El papel de los neuroderechos». *Hay Derecho*, https://www.hayderecho.com/2022/05/20/el-impacto-de-la-inteligencia-artificial-en-la-libertad-de-expresion-y-de-pensamiento-el-papel-de-los-neuroderechos/

González, R. (2021). «"Neuroderechos", prueba neurocientífica y garantía de independencia judicial». *Derecho & Sociedad*, (57), 1-26. https://doi.org/10.18800/dys.202102.007

Grupo Multimedia Legal. (s.f). «Neuroderechos y protección de datos personales». https://www.grupomultimedialegal.com/neuroderechos-y-proteccion-de-datos-personales/

Guzmán, L. (31 de marzo de 2022). «Chile, pionero en la protección de los "neuroderechos"». *UNESCO*, https://courier.unesco.org/es/articles/chile-pionero-en-la-proteccion-de-los-neuroderechos

Inteligencia artificial: desafíos y oportunidades para el Perú. 28 de octubre de 2021. CEPLAN.

Kibbutzpsicología. (15 de noviembre de 2023). Psicograma. https://kibbutzpsicologia.com/glossary/psicograma/

Kyes, J. (22 de mayo de 2020). «¿Qué significa GPS?», *GEOTAB*, https://www.geotab.com/es-latam/blog/qu%C3%A9-significa-gps/

La ley (7 de setiembre de 2023). «¿El proyecto del Reglamento de Ley de Protección de Datos Personales excluye a los neuroderechos?» https://laley.pe/2023/09/07/proyecto-reglamento-de-ley-proteccion-datos-personales-excluye-neuroderechos/

Lenca, M. (2021). «Neuroderechos: ¿por qué debemos actuar antes de que sea demasiado tarde?», *CIDOB*, https://www.cidob.org/es/articulos/anuario_internacional_cidob/2021/neuroderechos_por_que_debemos_actuar_antes_de_que_sea_demasiado_tarde

Ley N.° 21.383. Modifica el artículo 19, número 1.°, de la Carta Fundamental, para proteger la integridad y la indemnidad mental con relación al avance de las neurotecnologías. 25 de octubre de 2021. Cámara de Diputados y Diputadas de Chile.

Ley N.° 25.326. Ley de Protección de Datos Personales. 4 de octubre de 2020. Senado y Cámara de Diputados de la Nación Argentina.

Ley N.° 27.570. Ley de Economía del Conocimiento. 7 de octubre de 2020. Boletín Oficial.

Ley N.° 27614. Ley de financiamiento del sistema nacional de ciencia, tecnología e innovación. Boletín Oficial.

Ley N.° 29733. Ley de Protección de datos Personales de Perú. 3 de julio de 2011. Diario Oficial El Peruano.

Ley N.° 31814. Ley que promueve el uso de la inteligencia artificial en favor del desarrollo económico y social del país. 5 de julio de 2023. Diario Oficial El Peruano.

Llamas, N., y **Marinaro, J.** (2021). «Neuroderecho: adaptabilidad de la normativa de derechos humanos con relación a las nuevas neurotecnologías y propuestas para su ampliación». *SCIO: Revista de Filosofía*, (21), 83–111. https://doi.org/10.46583/scio_2021.21.825

López, P., y **Madrid, R.** (2022). «Acerca de la protección constitucional de los neuroderechos: la innovación chilena». *Prudentia Iuris*, (94), 39–68. https://doi.org/10.46553/prudentia.94.2022.pp.39-68

Mancino, M. (30 de junio de 2021). «Desafíos para el Compliance frente a la Inteligencia artificial- Protección de Datos y NeuroDerechos»,

World Compliance Association, https://www.worldcomplianceassociation.com/3302/noticia-desafios-para-el-compliance-frente-a-la-inteligencia-artificial-proteccion-de-datos-y-neuroderechos.html

Maranhão, J., **Abrusio, J.**, **Almada, M.**, y **López, N.** (2019). «La inteligencia artificial y el derecho: dos perspectivas». En **G. Ana Dobratinich** (Ed.), *Derecho y nuevas tecnologías*, (pp. 143-166). La Ley. https://hdl.handle.net/1814/74718

Marín, S. (2019).«Ética e inteligencia artificial». *IESE Business School*. https://www.iese.edu/media/research/pdfs/ST-0522.pdf

Martínez, G. (2012). «La inteligencia artificial y su aplicación al campo del Derecho». *Alegatos*, 82, 827-846. https://alegatos.azc.uam.mx/index.php/ra/article/view/205

Mascitti, M. (2022). «El rango constitucional de los neuroderechos como una exigencia de justicia». *Cuestiones Constitucionales. Revista Mexicana de Derecho Constitucional*, 1(46), 149–176. https://doi.org/10.22201/iij.24484881e.2022.46.17051

Medina, N. (2008). «La ciencia cognitiva y el estudio de la mente». *Revista De Investigación En Psicología*, 11(1), 183–198. https://doi.org/10.15381/rinvp.v11i1.3890

Ministerio de Ciencia, Tecnología e innovación de Argentina. (12 de agosto de 2023). *Argen-*

tina es reconocida como el país con mejores políticas públicas para fomentar el uso conveniente de la Inteligencia Artificial en el contexto de América Latina. https://www.argentina.gob.ar/noticias/argentina-es-reconocida-como-el-pais-con-mejores-politicas-publicas-para-fomentar-el-uso

Monasterio, A., **Ausín, T.**, **Toboso, M.**, **Morte, R.**, **Aparicio, M.**, y **López, D.** (2019). «Traducir el pensamiento en acción: Interfaces cerebro-máquina y el problema ético de la agencia». *Revista de Bioética y Derecho*, (46), 29-46. http://scielo.isciii.es/scielo.php?script=sci_arttext&pid=S1886-58872019000200003&lng=es&tlng=es.

Montes de Oca, D. (24 de abril de 2023). «Qué es un influencer: significado, tipos y uso en tu estrategia». https://www.inboundcycle.com/diccionario-marketing-online/que-es-un-influencer

Morales, A. (2021). «El impacto de la inteligencia artificial en el Derecho». *Advocatus*, (039), 39-71. https://doi.org/10.26439/advocatus2021.n39.5117

Muñoz, J. (12 de agosto de 2022). «Neuroderechos, sesgos y adolescentes: una ecuación por resolver». https://ethic.es/2022/08/ia-neuroderechos-sesgos-adolescentes/

Muñoz, J. (2021). *Derecho de la Inteligencia Artificial Un enfoque global de responsabilidad desde la ética, la seguridad y las nuevas propues-*

tas reguladoras europeas [Tesis de Doctorado, Universidad de Valencia]. https://dialnet.unirioja.es/servlet/tesis?codigo=310746

Narváez, M. (2014). «Neuroderecho: el sentido de la acción no está en el cerebro». *Revista de Teoría del Derecho de la Universidad de Palermo*, 1(2), 125-148. https://www.palermo.edu/derecho/pdf/teoria-del-derecho/n2/TeoriaDerecho_Ano1_N2_06.pdf

Oliveira, J. (17 de abril de 2018). «La inteligencia artificial hackea el cerebro humano». https://www.bbvaopenmind.com/tecnologia/inteligencia-artificial/la-inteligencia-artificial-hackea-el-cerebro-humano/

Orías, R. (2022). «Los neuroderechos. Una nueva frontera para los derechos humanos». *Agenda Internacional*, 29(40), 211-227. https://doi.org/10.18800/agenda.202201.009

Osorio, L. (23 de febrero de 2023). «Regulación internacional de los neuroderechos frente a la aplicación de la neurociencia y las neurotecnologías». https://dip.uexternado.edu.co/uncategorized/regulacion-internacional-de-los-neuroderechos-frente-a-la-aplicacion-de-la-neurociencia-y-las-neurotecnologias/

Pardiñas, S. (2020). *Inteligencia Artificial: un estudio de su impacto en la sociedad* [Trabajo de Fin de Grado, Universidad Da Coruña]. https://ruc.udc.es/dspace/bitstream/handle/2183/28479/PardinasRemeseiro_Sofia_TFG_2020.pdf?sequence=3

Parlamento Europeo. (12 de junio de 2023). «Ley de IA de la UE: primera normativa sobre inteligencia artificial». https://www.europarl.europa.eu/news/es/headlines/society/20230601STO93804/ley-de-ia-de-la-ue-primera-normativa-sobre-inteligencia-artificial

Parra, L.E., y Álvarez, F.J. (2021). «Síndrome de la sobrecarga informativa: una revisión bibliográfica». *Rev Neurol*, 73(12), 421-428. https://doi.org/10.33588/rn.7312.2021113

Pastorino, M. (15 de marzo de 2022). «Neurotecnología y neuroderechos». https://agendaestadodederecho.com/neurotecnologia-y-neuroderechos/

Payán, E. (16 de octubre de 2023). «El debate de los neuroderechos llega a los tribunales: dos sentencias pioneras en Chile y España». https://www.ehu.eus/es/-/el-debate-de-los-neuroderechos-llega-a-los-tribunales

Pérez, F. (2 de noviembre de 2023). «Una más que probable regulación legal de las neurotecnologías». https://www.democrata.es/analisis-y-opinion/una-mas-que-probable-regulacion-legal-de-las-neurotecnologias/

Plan Nacional de IA Gobierno de Argentina. Junio de 2019. Presidencia de la Nación.

Política Nacional de Inteligencia Artificial. 27 de octubre de 2021. Ministerio de Ciencia, Tecnología, Conocimiento e Innovación.

Protección de datos. (29 de junio de 2023). «Neuroderechos y protección de datos». https://www.protecciondatos.org/neuroderechos-y-proteccion-de-datos/

Proyecto de Ley N.° 1983/2023. Marco legal para la regulación del desarrollo y uso de la Inteligencia Artificial. 8 de junio de 2023. Diputados Argentina.

RadiologyInfo. (s.f.). «RM funcional (fRM)». https://www.radiologyinfo.org/es/info/fmribrain

Redacción España. (16 de setiembre de 2019). «Qué es la microfocalización o microtargeting y su relación con Big Data». *B12 Admark*, https://agenciab12.mx/noticia/que-es-microfocalizacion-o-microtargeting

Reglamento (UE) 2016/679 del Parlamento Europeo y del Consejo de 27 de abril de 2016 relativo a la protección de las personas físicas en lo que respecta al tratamiento de datos personales y a la libre circulación de estos datos y por el que se deroga la Directiva 95/46/CE (Reglamento general de protección de datos). 4 de mayo de 2016. Diario Oficial de la Unión Europea.

Reguera, M.C., y **Cayón de las Cuevas** (2021). «La garantía de los neuroderechos: a propósito de las iniciativas emprendidas para su reconocimiento». *Derecho y Salud*, 31, 213-222. https://www.ajs.es/es/index-revista-derecho-y-salud/volumen-31-extraordinario-2021/la-garantia-los-neuroderechos

Resolución 217 A (III) Declaración Universal de los Derechos Humanos. 10 de diciembre de 1948. Asamblea General de las Naciones Unidas.

Reunión informal de ministros de telecomunicaciones. Declaración de león sobre la neurotecnología europea: un enfoque centrado en la persona y basado en los derechos humanos. 23-24 de octubre de 2023. Presidencia Española Consejo de la Unión Europea.

Reuters. (4 de mayo de 2023). «¿Qué países están intentando regular la inteligencia artificial?», *Euronews*, https://es.euronews.com/next/2023/05/04/que-paises-estan-intentando-regular-la-inteligencia-artificial

Roberts, R. (2019). «Neurotecnologías: los desafíos de conectar el cerebro humano y computadores», *Biblioteca del Congreso Nacional de Chile*. https://obtienearchivo.bcn.cl/obtienearchivo?id=repositorio/10221/27272/1/If01_Neurotecnologias_BCN_final.pdf

Rocha, V. E. (2022). «Nuevos derechos del ser humano. Cuestiones Constitucionales». *Revista Mexicana de Derecho Constitucional*, 1(46), 251–277. https://doi.org/10.22201/iij.24484881e.2022.46.17055

Rojas, R. (1 de marzo de 2023). «Los neuroderechos y la IA en el ámbito laboral. Luces y sombras», *Byte*, https://revistabyte.es/legalidad-tic/neuroderechos-ia-ambito-laboral/

Ruta de la Privacidad. (2022). «La garantía en la protección de datos personales derivado del uso de inteligencia artificial (Global Annual Review 2021 – PWC)». En B. Ibarra (Ed.), *Protección de Datos Personales derivado del uso de Inteligencia Artificial*, (pp. 49-54). *Revista Digital del Sistema Nacional de Transparencia*. https://www.itei.org.mx/v3/documentos/estudios/mexico_transparente_3_mayo2022_ok.pdf

Salort, G., y **Medina, C.** (2020). «Neurotecnología y derecho. Neuroderechos en el ordenamiento jurídico argentino», *Sistema Argentino de Información Jurídica*, http://www.saij.gob.ar/DACF200156

Sánchez, E., y **Tirso, A.** (2023). «El desafío de la Inteligencia Artificial a la vigencia de los derechos fundamentales». *Cuadernos Electrónicos de Filosofía del Derecho*, 48, 111-139. https://doi.org/10.7203/CEFD.48.25863

Sebio, M. (2020). *Inteligencia Artificial y ética* [Trabajo de Fin de Grado, Universidad Pontificia Comillas]. https://repositorio.comillas.edu/xmlui/handle/11531/37008

Senado de Chile. (28 de mayo de 2019). «Inteligencia Artificial y neuroderechos: la protección de nuestro cerebro podría quedar consagrado en la Constitución». https://www.senado.cl/noticias/congreso-futuro/inteligencia-artificial-y-neuroderechos-la-proteccion-de-nuestro

SmowlTech. (29 de junio de 2022). «Test psicométrico: definición, tipos y consejos». https://smowl.net/es/blog/test-psicometrico-definicion-tipos-consejos/

Suzuki, S. (24 de setiembre de 2023). «Las empresas ya leen nuestra mente y sabrán aún más con la neurotecnología», *BBC*, https://www.bbc.com/mundo/articles/czv7qz9ey7yo

Tello, M. (20 de julio de 2023). «Los neuroderechos importan: ya es posible la lectura del cerebro y debemos evitar su manipulación». https://elmontonero.pe/columnas/los-neuroderechos-importan

Terán, M. (20 de setiembre de 2023). «Elon Musk ya está buscando voluntarios para implantarles un chip en el cerebro: estas son las condiciones». https://www.eleconomista.es/tecnologia/noticias/12452687/09/23/elon-musk-ya-esta-buscando-voluntarios-para-implantarles-un-chip-en-el-cerebro-estas-son-las-condiciones.html

Terrasa, R. (4 de abril de 2023). «Cómo regular el auge de la IA: «frenar el desarrollo no es la solución». *El Mundo*. https://www.upc.edu/ca/sala-de-premsa/als-mitjans/pdf/2023-04-04-el-mundo-como-regular-el-auge-de-la-ia-frenar-el-desarrollo-no-es-la-solucion

The Global Partnership on AI (GPAI). June, 2020. OECD.

Thomson Reuters. (11 de agosto de 2023). «Inteligencia Artificial: Chile avanza hacia la regulación de sistemas de inteligencia artificial, la robótica y las tecnologías conexas, en sus distintos ámbitos de aplicación». https://www.laleyaldia.cl/?p=2259

UNESCO. (8 de noviembre de 2023). «La IA y el Estado de derecho: Fortalecimiento de capacidades para los sistemas judiciales». https://www.unesco.org/es/artificial-intelligence/rule-law/mooc-judges

Vásquez, L. (2021). «La regulación de la neuroprotección en Chile: una aproximación al estudio de los neuroderechos». *Revista Argentina de Teoría Jurídica*, 22(1), 34-50. https://revistajuridica.utdt.edu/ojs/index.php/ratj/article/view/418/336

Vercelli, A. (2023). «Las inteligencias artificiales y sus regulaciones: pasos iniciales en Argentina, aspectos analíticos y defensa de los intereses nacionales». *Revista de la Escuela del Cuerpo de Abogados y Abogadas del Estado*, (9), 195–217. https://revistaecae.ptn.gob.ar/index.php/revistaecae/article/view/232

Weber, R. (2010). «Internet of Things - New Security and Privacy Challenges». *Computer Law & Security Review*, 26(1), 23-30. https://www.sciencedirect.com/science/article/abs/pii/S0267364909001939

Weidenslaufer, C. (2023). «Regulación de la IA en la experiencia comparada: Unión Europea y

Estados Unidos», *Biblioteca del Congreso Nacional de Chile*, https://obtienearchivo.bcn.cl/obtienearchivo?id=repositorio/10221/34367/2/BCN_regulacion_global_IA_2023_CW_RRrr_2.pdf

Yuste, R. (2019). *Las nuevas neurotecnologías y su impacto en la ciencia, medicina y sociedad*. Universidad de Zaragoza.

Zaror, D., **Bordachar, M.**, y **Trigo, P.** (2021). «Acerca de la necesidad de proteger constitucionalmente la actividad e información cerebral frente al avance de las neurotecnologías: Análisis crítico de la reforma constitucional introducida por la Ley 21.383». *Revista Chilena De Derecho y Tecnología*, 10(2), 1–10. https://doi.org/10.5354/0719-2584.2021.65650

Zendesk. (6 de octubre de 2023). «Big Data: ¿qué es y para qué sirve? [GUÍA INTRODUCTORIA]». https://www.zendesk.com.mx/blog/big-data-que-es/

Cód. 08

Made in the USA
Monee, IL
04 November 2026

67384327R00085